大都會文化
METROPOLITAN CULTURE

大都會文化
METROPOLITAN CULTURE

大都會文化
METROPOLITAN CULTURE

大都會文化
METROPOLITAN CULTURE

超強高效記憶術

突破你的記憶障礙，讓你縱橫職場、威震考場的菁英訓練法

李鵬安　著

目錄 CONTENT

PART 1 大腦與記憶的親密關係

PART 2

學習記憶力的十個撇步

PART 3

輕鬆增強記憶力

PART 4

告別機械式記憶

PART 5

要學會記憶，得先學會閱讀

PART 6

不敗的成功記憶法

PART 7

史上超強記憶法大補帖

PART 1

大腦與記憶的親密關係

01 什麼是記憶

我們在學習、工作和日常生活中，看過的景物、閱讀過的詩文、體驗過的情感、從事過的活動、交談過的話題、思考過的內容、經歷過的事情，都會在頭腦裡留下不同程度的印象，並且經過一段時間後仍能回想起來，或當它們重新出現時，能再被認出來，這就是「記憶」。換句話說，記憶就是過去經驗在我們頭腦中的反映。

記憶的基本過程是先「識」後「憶」，心理學家把記憶的基本過程分為「識記」、「保持」、「回憶」（或「再認」）三個基本環節。

識記，就是識別和記住事物的過程。例如，上課時，我們能聽懂並記住老師講的內容，這就是識記。

保持，就是對識記過的事物經由重述或複習使之進一步鞏固的過程。保持的程度對回憶或再認有直接影響。例如，認真的複習課堂上學到的知識，就能使知識牢固的保持在頭腦中；如對所學過的知識不加以複習，則很快就會忘記，並再也回想不起來。

回憶，也被稱為「重現」，指過去識記過的事物或知識，雖不在眼前，但仍能把它的映像重新回想起來，或在腦中重現出來。例如考試時，我們按照試題要求將有關的知識回答出來，這就是回憶的過程。

再認，就是當識記過的事物再次出現在面前時，能夠把它認出來的過程。例如，我們曾見過的事物或學過的知識，經過一段時間後，再看到它們時，仍然能識別出來，這就是再認。再認比回憶還要簡單容易，凡能回憶的事物均能再認。

人類的大腦就像一個分類精密的檔案櫃，裡面收藏著數不清的資料。在日常生活中，不論人們見到什麼、聽到什麼或是讀過什麼，這些訊息都要經過大腦的適當編碼後，分門別類的儲存起來。大多數的訊息經過簡單處理後，給予感覺儲存或短時儲存，而一些重要訊息則經過進一步的編碼，進入長期儲存。

在這個分類歸檔的過程中，記憶功能有著重要作用，它會有自覺的協助人確定哪些訊息一時無用或根本沒有用，並把它們摒除在記憶之外，或者將它們擱置起來，不使這些無用的訊息存在人的記憶中。同樣的道理，記憶也會自覺的協助人確定哪一類訊息更有用處，而把它們置於訊息檔案的前排，使這些有用訊息處於待命狀態，隨時可以發揮效用。

02 想成功？先學會記憶

記憶在智力結構中占有重要的地位，好比智力活動的倉庫。凡是一個人經歷過的一切事物，都有可能在某種程度上被記住，有些還能長期牢固地保存在記憶中，在需要的時候，能回憶出來應用它們，記憶可以說是儲存於腦內所有訊息的總和。如果我們把智力看做一座加工廠，那麼記憶就是一座原料倉庫，只有當記憶這個倉庫中儲存的訊息豐富充足，智力才能進行加工製作。所以記憶力是智力活動的基礎，也可以說「記憶為智慧之母」。其他智力因素：觀察力、思維能力、想像力及操作能力都與記憶力有著密切的關係。人們依靠記憶保持的知識經驗進行觀察；藉助記憶保存的資料，使思維的加工製作得以實現；依賴記憶保持的形象，構成想像力。如果一個人的記憶產生缺陷或有了障礙，那麼他就難以獲得新的知識經驗，已經獲得的知識也會遺忘，智力活動也難以進行。

記憶也是人們生活、學習和工作的基礎。學習是從外界獲得知識經驗，記憶則是將獲得的知識經驗儲存在大腦中，如果沒有這種記憶保持，我們就會一無所獲。有心理學家指出：「學生在學校學習，在某種意義上可以說是在學習如何記憶。學習一門功課、一種技能，能夠儲存起來成為一種經驗，並作為生活、工作的準備，學習才算成功。」

記憶力強也是獲得成功的重要因素。學生為了考試，必須熟記所學的內容，而記憶力強的學生往往能考出好成績，進入較好的學校，獲得成功。在各種不同的職業中，我們常常看到，記憶力強的人，成績往往較為突出，晉升也比別人快。許多政治家、軍事家也以驚人的記憶力獲得巨大的成功。例如，基本上是自學成才的美國總統林肯，因有著驚人的記憶力和淵博的學識而獲得成功；美國石油大王洛克斐勒（John D. Rockefeller）、鋼鐵大王卡內基（Andrew Carnegie）等，也都是因有極強的記憶力而成功。科學家們證實，智商的高低與記憶數量的多寡之間存在著對應關係。

記憶使人累積知識訊息和提取知識訊息成為可能。人們要獲得成功和成就，就必須獲得知識、積累知識和應用知識。培根說：「知識就是力量。」有專家說：「知識得到應用才有力量。只有知識淵博而精深的人，才有可能攀登科學的頂峰，或在事業上獲得巨大的成功。」在中國歷史上，完成統一中國大業，也是第一個稱皇帝的人——秦始皇，自幼心懷大志，他始終銘記這樣一句名言：「一個人不學習，有耳朵也等於是聾子；不學習，有眼睛也等於是瞎子；不學習，有嘴巴，話也說不清楚；不學習，有心也不開竅。」

請記住：記憶力是智力結構的重要組成部分，是智力活動的基礎，是智慧之母！

03

記憶的四種類型

大體上，每個人都有自己特有的記憶類型，這些類型包括：視覺型、聽覺型、運動型、混合型等。

一、視覺型

這是藉助視覺來記憶事物的類型。在同樣的視覺記憶中，有的人對形狀的印象深，有的人對顏色的印象深。在讓人看許多紅的正方形和藍的圓形時，有人藉助紅、藍顏色來記憶，有人則透過正方形和圓形這類形狀來記憶，方式各不相同。

一般說來，人的記憶以視覺型居多，人類的記憶訊息中有70至80％是屬於視覺型，尤其是畫家、設計師和技術設計人員，他們的視覺記憶能力特別強。對於這一類型的人來說，使記憶訊息視覺化，對他們最為合適。

兒童大約在八歲以前以聽覺記憶較好，從九歲開始，視覺記憶能力逐漸增強。

二、聽覺型

這類型的人能很容易記住耳朵聽到的內容。有些人的音感非常強，有很強的節奏感和旋律感，對於聽到的內容能很輕鬆就記住。有些人英語很不好，卻能附和爵士樂的節奏和旋律，而記住英語歌詞。盲人因為失去視覺能力，因此具有非常發達的聽覺記憶能力。許多人從小時候就喜歡音樂，因此這一類型的人也增多了。

聽覺記憶能力可以透過訓練產生。例如，電話接線員能分辨很多不同人的聲音；工廠的機械工人藉助錘子敲打機器的聲音，判斷機器有無故障。這些能力都不是與生俱來，而是經過訓練產生的。

三、運動型

這是透過動作來記憶事物的類型。這類型的人手很靈巧，他所做過的各種體育動作或藝術技巧都能馬上記住。

運動型記憶的特點在於，它是透過整個身體運動器官的活動來記憶，一旦記住就很難忘掉。像游泳、滑雪、騎自行車等動作，一旦記住便終生難忘。

四、混合型

混合型是指視覺型、聽覺型、運動型這三種類型的混合體。例如學習英語單字時，如果能邊寫邊發出聲音來背誦，遠比只使用視覺來學習，更能記得久。

04 腦袋越大越聰明？

有許多人認為：「就如同人一生下來，頭腦有好有壞一般，記憶力的好壞也是天生的。」但是，心理學研究證明，記憶力的好壞絕對不是天生的。

有時候還可以聽到這樣的話：「你看他的腦袋那麼大，記性一定很好！」

乍聽這些話好像都沒錯，貓、狗、兔子這些動物的腦袋都比人小，牠們的記性的確不如人；然而，我們佩服的那些大數學家、大文學家、大物理學家，各個博聞強記，他們的腦子是不是比平常人重呢？不一定。例如，發現許多數學定理和公式的德國數學家高斯（Carl Friedrich Gauss），腦重一千四百九十二克，只比人的平均腦重稍微重一點；聞名世界的義大利詩人但丁，腦重一千四百二十克，幾乎和人的平均腦重完全相同；發現相對論的愛因斯坦去世以後，美國科學家們一直在研究他的大腦，可是並沒有發現他的腦子與普通人有什麼不同。如果這還不能證明，那麼世界著名的波蘭大音樂家蕭邦（Frédéric Chopin），腦重一千三百五十二克；法國知名作家法朗士（Anatole France）腦重僅一千零十七克，比一般人輕了四百克左右，但這根本沒有影響他的記憶和累積豐富的創作素材。

到今天為止，世界上所記載的人腦最大重量是二千八百五十克，超過作家法朗士腦重的一倍，可是這個人竟是個白癡！

關於人腦大小與記憶關係的問題，在歷史上曾經引起許多人的注意，並進行多次討論與研究，但是從來不能把「腦袋大就是記性好」作為定論。曾經有一個叫伽爾的奧地利醫生說，摸摸腦袋，看哪一部分大，哪一部分形狀如何，就可以了解一個人的智力發展如何，記憶力是否好，甚至連脾氣、性格都可以判斷出來。他不但認為腦袋大就聰明，而且特別強調大腦門和膨脹成圓頂形狀的頭頂，是智力發達的象徵。他和他的追隨者還為此創造了一整套理論，叫「顱相學」，在歷史上曾經風行一時。乍看他把頭腦的外部特徵和大小區分得這樣細緻，依此判斷人的智力和行為，好像真有什麼根據似的。事實上這是一種假的科學，說穿了，這種「顱相學」跟中國的算命師看手相算命大同小異，都是沒有科學根據的。事實總是對不講科學的人給予極大的諷刺，既然伽爾能夠發明「顱相學」，這麼聰明有能力，他的腦袋一定比平常人大得多。可是實際上恰恰相反，伽爾的腦袋很小，比一般人腦的平均重量輕了15%。

英國謝菲爾德大學（University of Sheffield）曾有一名記憶過人、智力非凡、成績出眾的數學系學生，經醫生檢查，發現他幾乎是一個沒有大腦的人。從外表看來，他的頭的確大得不尋常，但是深入檢查卻發現，他的大腦只相當於普通人大腦的四十五分之一。

由於人的大腦極其複雜，不僅不能憑腦的外形大小來推斷人的記憶力好壞，也不能從大腦的重量多少來推斷人的智力發展情況與記憶力的強弱。那些因為自己腦袋小而懊惱的人大可放下這個思想包袱。如果一邊進行學習和記憶，一邊擔心自己的記憶力天生不如人，埋怨自己的記憶力差，反而會影響記憶效果。所以有些教育家認為，對自己的記憶力缺乏信心，往往會在兒童身上引起真正的健忘。想要增強記憶力嗎？首先就要充滿信心。

05 記憶力是可以訓練的

記憶力是可以透過訓練來提高的。無論在學習或工作中，總有人記憶力出奇的好，但這並不是這些人的腦子特別好，而是他們能持續訓練自己的記憶力，腦中的記憶方法越來越多，結果，記憶力便越來越好。

也就是說，記憶力就像身體，越鍛鍊越健康，手越用越靈巧一樣，是可以透過訓練而增強的。

有人經常說「最近記憶力不好」、「從小時候記憶力就不好」，與其這麼說，倒不如先努力訓練，因為——

從沒有練習過拳擊的人，不可能突然成為一個好拳擊手。

從沒有跳過舞的人，不可能突然成為優秀的舞蹈家。

從沒有演奏過樂器的人，不可能突然成為一個出色的音樂家。

從沒有摸過打字機的人，不可能突然成為一個嫻熟的打字員。

從沒有進行過記憶訓練的人，不可能突然擁有超強的記憶力。

總而言之，任何一種能力的培養，都得從掌握方法做起，逐步掌握規律和摸到竅門。人們記憶能力的差異之所以如此明顯，主要是因為他們對記憶方法的掌握程度不同罷了。因此，要想成功改善你的記憶能力，關鍵在於透過訓練掌握記憶的方法。

本書將介紹一系列的記憶訓練方法，當你仔細閱讀、認真理解這些方法，並按照要求循序漸進的訓練，你的記憶潛力將會得到很好的開發，對記住的資料也很少會遺忘，經過一定間隔時間的幾次複習，可以達到數月，甚至數年不忘，在記憶上節省許多時間，事半功倍，也因而具備了令人感到驚奇和振奮的超級記憶能力。

06 善用你的大腦

經心理學實驗證明，大腦記憶形象資料大大優於抽象資料。所謂形象資料，是指感知後能在大腦裡留下具體形象的資料，包括視覺、聽覺、味覺、觸覺的形象資料，如圖畫資料、實物資料、模型資料等就是視覺形象資料，酸、麻、苦、甜、辣則是味覺形象的資料。所謂抽象資料，是指感知後不能在大腦裡留下具體形象的資料，如以文字符號、語音符號、語言意義、公式定理、邏輯思維過程為內容的資料就是抽象資料。這項心理學的實驗結果，同時揭示了「人腦記憶形象資料大大優於記憶抽象資料」這一規律，另一方面也揭示人腦主動運用和遵循這一規律，必將大大提高記憶效率，而這正是全腦記憶訓練的依據。

一九八一年獲得諾貝爾生理醫學獎的美國心理學家斯佩里（R. W. Sperry）博士，在關於大腦左右兩半球有明顯的分工且功能不同的研究上，有突出的成績。他從事了近四十年切斷胼胝體（大腦半球中間的連接物）後的「裂腦（split-brain）人」研究，從中累積大量科學研究病例和科學數據，證明了語言、抽象邏輯思維的功能主要由大腦左半球擔負，形象感知和形象思維的功能主要由大腦右半球擔負。換句話說，大腦左半球思維或記憶的資料內容主要是語言、數理關係、邏輯關係、數字符號、公式等抽象的資料；大腦右半球思維或記憶的資料主要是事物的形象、形象的連繫、音樂形象、空間位置和空間形狀等形象相關的資料。除了斯佩里的研究外，潘菲爾特和科恩等人的實驗和研究也如此證明。根據這些實驗研究的結果分析，發現千百年來人們慣常使用的記憶方法，不過只是運用了大腦左半球擔負抽象思維和儲存言語記憶的功能，而沒有充分運用大腦右半球擔負形象思維和儲存形象記憶的功能及形象資料容易記憶的規律，頂多在識記資料本身是形象資料才運用了大腦右半球的功能。

千百年來，人們使用的記憶方法不外乎**機械記憶**（死記硬背）和**理解記憶**兩種，記憶的資料不外乎形象和抽象的語言資料兩種。而在人們的學習和工作中，需要更多記憶的則是大量的抽象語言資料。機械記憶記的是沒有理解的語言文字、公式符號等內容，這些內容是抽象的，由大腦左半球負擔；理解記憶記則是理解後語言文字、公式符號、概念定理的記憶，表達這種意義的載體是語言文字和公式符號，雖然記憶者理解其意義，但意義本身也是抽象的，因此記憶者記憶的內容仍是抽象的，仍由大腦左半球負責。因而人們在記憶的效率上，尤其是在記憶抽象繁雜資料的效率上，大多處於記住沒多久就遺忘，遺忘了又再記，記住了不久又遺忘的狀況，記憶保持率總是不能取得突破性的提高。由此可以推論，大腦右半球擔負和儲存形象記憶的功能一旦得到主動運用和充分發揮，人的記憶效率將得到突破性的提高，這正是全腦記憶訓練的重要科學依據。

訓練的原理就是**按照大腦左右兩半球分工及功能不同的科學依據**，充分開發大腦右半球擔負和儲存形象記憶的功能，使大腦左右兩半球在記憶時共同發揮作用，讓大腦主動運用「人腦記憶形象資料大大優於記憶抽象資料」這一規律，從而達到開發大腦記憶潛力、突破性提高記憶效率的目的。

全腦記憶訓練，由多種具體方法組成，其中有的方法不但記得快，而且憶得快；有的方法在記的時候雖然不是很快，甚至比機械記憶還慢一些，但一旦記住並經過一定的複習之後，在保持時間、保持數量，及完整性、準確性方面，均大大優於機械記憶的效果，這已被心理學家的實驗所證明。

07 獲得非凡記憶力的五大法則

每個人都渴望有出色的記憶力，並希望獲得成功，但許多人並不了解如何做才能具有良好的記憶力。心理學家對記憶的規律、特點及高效率記憶的方法已進行了大量研究，有了深刻明確的認識和發現。如果能運用科學的記憶方法，按照記憶的規律去做，你可以輕而易舉將記憶力提高兩倍、五倍、十倍，甚至百倍。為了提高你的記憶力，我們將逐步講解出色記憶的法則、規律和有效方法，只要按照要求去做，保證你必能獲得非凡的記憶力。

要獲得非凡記憶力，必須遵循記憶力的五大法則：即越用越靈活、對自己的記憶力充滿自信與強烈慾望並滿懷興趣記憶、專心致志原則和善用方法。

頭腦會越用越靈活

每個人都有記憶力，只要大腦健康，大腦的記憶功能也會正常。正常人腦的記憶潛能巨大，但只有加以運用才能開發出來，使潛能變成顯能。大多數人雖然都有神奇的記憶功能，卻不善於利用，因此記憶的功能就發揮不出來。善於利用記憶的人，其記憶能力就能得到發展，且越用越顯示出無窮的威力，而不利用記憶的人，就像一架長久不用會生鏽的機器，一旦使用時反倒更費力。

大腦是越用越靈活的。科學家實驗證明，人的大腦越不用，腦細胞就越容易死亡，腦功能就衰退得越快。美國科學家富蘭克林說：「懶惰像生鏽一樣，比操勞更消耗身體；經常用的鑰匙總是亮閃閃的。」因此，要增強記憶力就得勤用腦。

生理心理學家認為，決定個人智力高低的不是大腦神經細胞的多寡，而是腦神經細胞之間連繫網路的數量。智能高的人有豐富的神經網路，神經細胞之間的溝通較佳；而智能較低的人，神經網路較為貧乏，神經細胞之間溝通不暢。神經網路的溝通與個人的學習訓練有關。經常進行多種學習訓練的人神經網路通道就多，溝通較佳；而較少學習，很少接受社會環境刺激的人，神經網路通道就少，溝通欠佳，而且會導致神經細胞功能衰退。由此說明人越學越聰明，越練智能水平便越高。

最常見的偏見認為，人的記憶力強弱是由天賦決定，人人都有記憶能力，但有強弱之別，如果差，那也沒有辦法，只能自認倒楣。這種看法是極端錯誤的，無數的科學實驗證明，記憶力的好壞不是天生的，它主要取決於後天的主觀努力。凡是有心人，只要懂得記憶方法，又能常用、善用腦，都能得到超出一般人的記憶力，甚至比一般人的記憶力要強得多。

請記住：提高記憶力的第一個法則是，記憶力的好壞不是天生，勤用、巧用、勤奮學習，和不斷改進學習方法，就可以擁有非凡的記憶力。

自信是增強記憶力的關鍵

成功的記憶離不開自信，堅信自己的記憶能力，就會使記憶力不斷增強。日本著名心理學家多湖輝說過：「記憶的關鍵在於要有『我能記住』這種自信心。」自信心是增強記憶力的內在動力，自信心越強，記憶效果就越好。

堅定的自信心可以使人處於一種積極的心理狀態，有積極思考和認真記憶的慾望，能激發大腦細胞活動進入興奮狀態，記憶力增強，使學習效果或考試成績優良，而良好的結果又增強了自信心，形成一種良性循環。可見，自信心是增強記憶力的重要因素。

相反，缺乏自信，懷疑、擔心或否定自己的記憶能力，會產生消極態度和畏懼情緒，因此無法激發腦神經細胞活性，從而降低腦細胞的活動，因而使精力難以集中，記憶活動便會遲鈍，學習效果不佳，進而更缺乏自信，形成一種惡性循環。

前面說過，腦的潛力非常巨大，科學家估計，人們儘管勤奮學習和辛苦工作，一生也用不到大腦功能的10％，有90％以上的腦功能潛力未能發揮作用，可以說明人的記憶容量幾乎是無限的。

既然記憶力的可塑性非常巨大，如果能夠擺脫自卑、自我限制等消極心理的困擾，奮發圖強，用對方法，信心十足，那就沒有什麼事物是記不住的。據說宋朝司馬光小時候記憶力並不出色，因此在學習時，別人唸一遍能背的，他就唸二遍、三遍，非背熟不可，勤能補拙，時間長了，積累的知識多了，又肯刻苦努力，細心鑽研，日後成了大學問家與宋朝宰相，晚年還編寫了名著《資治通鑑》。有些同學成績暫時不好就灰心喪氣、信心全無，有人甚至還因此放棄學習，實在不應該，且非常可惜。

缺乏信心和驕傲自大一樣，都是學習的敵人，有礙於記憶的成功。

增強自信心的訓練方法是，經常對自己說：「我不比別人差，別人能做的，我也能做到，別人沒做到的，透過努力我也能做到。」滿懷信心、勤奮努力和講究方法是增強記憶力的基本條件。

請記住：提高記憶力的第二個法則是，你覺得你是什麼，你就是什麼；你認為你能做什麼，你就能做什麼。不要擔心自己記不住，必須有自信的認為「一定能記住」，由此就能增強記憶力。

求知慾和濃厚的興趣是記憶成功的前提

要先有記住的慾望才能記住，記憶效果和記憶力的好壞，取決於一個人對事物的態度，對於有濃厚興趣和強烈需求的事物或課程就會有驚人的記憶效果。人們對自己關心喜歡的事物，往往能夠毫無困難的記住，所以記憶好壞的先決條件就在於引起興趣和慾望，這也是記憶好壞與學習好壞的根本原因之一。任何人都一樣，對沒有興趣、不需要的事是記不住的。有些學生學不好，不是自己笨，很可能是沒有學習興趣和學習慾望。德國詩人歌德（Johann Wolfgang von Goethe）說過：「哪裡沒有興趣，哪裡就沒有記憶。」

幾乎所有成功的人都有求知慾強、興趣深厚和善於學習的特質，培養學生「我想要學」的慾望和深厚的學習興趣，不僅是提高記憶效率所必需的，也是成才不可缺少的條件。

強烈的好奇心和求知慾是人的天性，在學習中應善於保持應用和進一步培養。學習興趣是後天獲得而非固定不變的，它是可以培養和訓練的。

請記住：提高記憶力的第三個法則是，強烈的求知慾和濃厚的興趣為非凡記憶力的先決條件。透過培養和訓練可以增強求知慾和學習興趣，從而大幅提高學習能力。對學習對象持消極心態，是提高記憶能力的致命缺陷。

心不在焉是記憶的大敵

我們都知道，心不在焉，一心二用，注意力不集中會妨礙人有效的進行記憶。注意力是智力活動的門戶，外界的一切事物只有透過注意力才可以進入記憶，不打開這座門戶，人們將無法認識世界。我們都經歷過這種情況，對沒有加以注意的事物，是視而不見，聽而不聞。只有打開了「注意力」的門戶，訊息才能完整、清晰的反映到人的腦中。注意力好比過濾器，有的訊息被接受，有的則被淘汰，不被注意。注意力也如同調節器，會隨著目標的變換而轉移。注意力還可以從許多次要目標中選擇出主要目標去集中注意，可見注意力的功能是多方面的。心不在焉，無法發揮注意力，任何知識都學不進、學不精。

古語說得好：「人若志趣不遠，心不在焉，雖學無成。」就是說，沒有遠大志向，不能專心致志，集中注意，即使學習也不會成功。古今中外，凡有成就的學者，其成功的祕訣之一就是專心致志，具有良好的注意品質和習慣。

注意品質和習慣的好壞是可以培養和訓練的。如果一個人做事總是漫不經心、毫無目標、注意力不集中，久而久之，就會養成注意力渙散的不良習慣。相反，如果對工作、學習充滿興趣和熱情，抱持嚴肅認真的態度，不受任何干擾，集中注意，專心致志去完成，長期堅持就可以培養出良好的注意習慣。前蘇聯心理學家K．普拉托諾夫在其《趣味心理學》一書中說：「訓練自己在各式各樣的條件下專心工作，這是培養專注力的可靠途徑。」

請記住：提高記憶力的第四個法則是，「注意力」乃非凡記憶的可靠保證。想成為一個注意力、專注力很強的人，最好的方法是，無論做什麼事，都不能漫不經心！

注意力是我們心靈的唯一門戶，意識裡的一切都必然要透過它。

運用科學方法能大大提高記憶力

記憶心理學研究指出，大腦健康的人都擁有巨大的記憶潛力、正常的記憶生理機制和運行過程，而且在大部分人並沒有明顯的記憶機制差別。然而在現實社會中，人們在記憶效果和記憶能力方面確實存在各種明顯差別。比方說，兩個人的記憶就好比兩塊農田，儘管面積和土壤條件完全相同，但兩塊地的收成卻可能有天壤之別。產生這種差別的原因不在農田的結構上，而在於種田人的投資、勞動、管理和種植方法上。由此可以推論，**人們之間存在的記憶力差異，與記憶方法正確與否直接相關**。因此，如果我們了解記憶的規律和程序，掌握記憶活動的有關法則，運用正確的記憶策略和方法，就可以大大提高記憶力。

學習方法越來越受到重視，為了學以致用，有所進步、有所創造，都得講究方法，方法甚至比知識本身更重要。科學方法不僅能使人們有效學到更多知識，更可以幫助人們推翻錯誤的看法，學到書本上還沒有的知識，因而我們有必要對學習方法作一番深入的探討。許多科學家都同意這樣一個觀點：當年他們從老師那裡學到最不重要的是實際知識，但重要的是他們向導師學習怎樣工作、怎樣思考、怎樣對待事物，學到了某種思維方式、治學方法。如果我們在勤奮的基礎上，掌握一些對自己行之有效的治學方法，一定會收到事半功倍的效果。

有些實驗研究向我們提出了一個值得思考的課題，那就是人們之間存在很大的記憶力差別，其中包括成年人、青少年和兒童記憶力的差別；聰明人、正常人和遲鈍者之間記憶力的差別。在現實生活中，我們都能看到這些差異，在科學研究中也得到了證明，但差別的原因是什麼，能否有辦法補救，這是一個非常有意義的和值得研究的課題。有些心理學家認為，人們記憶差別的原因可以從以下四個方面考慮：

1. 記憶能力的生理結構發展變化不同。
2. 記憶活動水平和策略。
3. 個體原有知識水平。
4. 自覺運用策略的意識（即記憶能力）。

許多研究表明，生理結構上的變化對記憶力發展並不產生重大影響，但記憶力的發展水平與記憶活動和策略、個體原有知識水平及自覺運用策略的意識明顯相關。心理學家認為，聰明人所以比一般人記憶力強，青少年記憶力比兒童強，主要原因之一，就是聰明人或青少年更能運用各種策略和方法來幫助記憶，這些策略包括理解、回憶、複述以及運用想像或聯想等媒介把零散的資料連接起來，使之相互產生連繫，以各種方式組織學習資料；重述、比較和歸納學習內容，有效的使用視覺形象等等。掌握和運用策略是青少年與聰明人比兒童和一般人記憶能力強的原因之一。

第二是個體已有的知識水平，尤其是記憶策略與個體原有知識的配合運用，能大大提高記憶活動水平，這是影響記憶力發展的另一重要因素，也是人與人之間記憶力差別的重要原因之一。

第三就是自覺運用策略方法的意識，也就是當有一個學習任務時，人們能夠意識到某些方面需要記憶，了解自己的記憶能力和侷限性，了解記憶資料的特點和難度，能考慮選擇某些最佳策略，能知道隨著記憶任務的變化，如何改變所用的策略等等。大多數成人都有許多好的記憶策略，而且能視具體情況選擇使用。

一般來說，記憶力不大取決於一個人具有某一項特殊策略，而主要取決於**選擇**、**變通使用各種計劃和策略的能力**。也就是說，需要記憶時，能「找到得心應手的工具」。上述三個方面的因素，是人們記憶力差異的主要原因。

心理學家還指出，透過科學方法的指導和適當訓練，一般人能達到聰明人的記憶水平，遲鈍者也能提高其記憶力，甚至達到一般人的記憶水平。如果能夠受到適當的教育、指導和訓練，兒童也能掌握和運用成人的記憶策略和方法，並提升其記憶能力。即使先天素質比較差的兒童，如果給予很好的教育和訓練，使之善於掌握和運用良好的記憶策略和方法，反覆練習，他的記憶能力也會有較大的提高，相應的記憶機能也會有所改善。相反，如果生來素質較好，但教育不得法，只習慣於死記硬背，那麼他的記憶能力也不會得到發展和提高，縱有較好的先天素質，也不能發揮作用，甚至會衰退。

研究指出，掌握記憶方法並不需要什麼特殊才能，也不受年齡和性別的限制，任何人都可以做得到。掌握記憶方法最關鍵和最重要的一點，就是根據不同情況，靈活有效的運用各種策略和方法。

在運用記憶方法和掌握記憶術時要注意以下四點：

1. 掌握學習方法關鍵在於真正地去運用，融會貫通、並結合各項技巧，才能使書上的方法轉變為個人的方法。

2. 透過學用結合，逐步形成適合自己的方法體系，在不同情況下能夠靈活運用不同方法和技巧，效果最好。

3. 運用正確記憶方法時，要注意糾正錯誤的方法，改變不良的記憶方法和習慣。

4. 記憶是一種複雜的心理技術，不可能一蹴而就，必須堅持常用常練，才能不斷進步。

請記住：提高記憶力的第五個法則是，是科學記憶方法的技巧掌握和訓練能大大提高記憶力。它可以使記憶效果提高幾倍、十幾倍、幾十倍甚至上百倍。

總之，滿懷信心，充滿興趣，勤奮努力，不斷改進方法和專心致志的人，就能大大增強記憶力。

08 飲食起居會影響記憶力

除了掌握良好的記憶方法和策略，注意下列三項飲食起居習慣，能為你在提升記憶力的道路上加分。

一、控制飲水

喝水與記憶看似毫無關連，其實卻關係密切。研究顯示，人體腦下丘合成的抗利尿素具有增強記憶的效果，而飲水量的多寡可調節抗利尿素的分泌量，故會間接影響記憶力。

當人們大量飲水時，血中的水分增多，滲透壓下降，血容量增大。這樣人體腦下丘的滲透感受器興奮度下降，而容量感受器的興奮度增強，二者都會減少腦下丘合成及神經垂體的抗利尿素釋放，從而不利於大腦的記憶活動；反之，當飲水減少、血滲透壓提高時，抗利尿素大量分泌，它作用於大腦邊緣系統，能增強其記憶活動。所以適當控制飲水量，對增強記憶力是有益的。

二、先學後食

美國加利福尼亞大學（University of California）的法拉德博士的研究顯示，唸書以後立即進食能增強記憶力。

飯後，人體的消化器官能分泌出幾種激素至血液中，其中有一種叫膽囊收縮素的激素能增強記憶力。試驗顯示，如在學習之後注射膽囊收縮素能增強迷走神經的活性，因而增強大腦的記憶能力。

三、先學後睡

在學習之前睡覺並無助於記憶，反而可能會加速遺忘，這是美國埃克斯安特教授等人的最新研究成果，稱之為「前睡效應」。埃克斯安特等人研究發現，半小時或低於四小時的前睡都明顯損害記憶。但如果實驗者在醒來二至四小時後再學習，他們的記憶力就不受前睡影響，且六小時的前睡比四小時和少於四小時的前睡所導致的遺忘要少。是什麼原因導致這種「前睡效應」呢？進一步的研究揭示，這種「前睡效應」是由生長激素所影響，睡眠能增加生長激素的釋放，而較高的生長激素對人的記憶不利，會使記憶嚴重受損。這種激素在人睡後三十分鐘之內迅速上升，並持續一段時間，直至醒後才逐漸恢復正常。這就是短睡記憶力不好，而清醒一段時間後記憶力變靈敏的奧祕所在。

專家們建議，如果你不打算再複習學習的資料，那麼最好在學習和必須回憶之間睡一會兒，如果可以，最好睡四小時或更多些。最好不要在學習前小睡，因為可能會加速遺忘的速度。

PART 2

鍛鍊記憶力的十個撇步

01

一次記憶七項以內的事物

美國心理學家彌勒（George Armitage Miller）對「七」這個數字情有獨鍾，他曾做過各式各樣的研究，結果得到了極有價值的資料——一般未經過記憶術訓練的人，一口氣最多可以記憶七項事物，所以他把「七」稱為神奇的數字。只要是數量在七以內，不論內容是什麼，都可以視為一個記憶的團體。

利用這個道理，如果我們必須一次記憶很多事物，我們就可以把這些事物加以分類整理，劃分為幾組，每組的數量保持在七個以內，並給每一組歸納一個標題，便可以更全面的掌握內容，同時也能增加我們的記憶力。無論是記憶書籍或演講的內容時，均可以利用這原理。

02 減少記憶對象使對象更鮮明

如果必須記憶的事物有二、三十個以上，一想到有這麼多的東西要記，心就先涼了一半。因為，如果要記憶的事物太多，要在腦海中刻畫如此眾多的形象，必須花費極大的力氣，即使下許多功夫，花很長的時間，也許都還記不好，難怪一看到要記那麼多東西，還沒開始記，就已先令人沮喪了。

一下子要將許多東西一股腦兒全塞入腦海裡，只怕會使頭腦昏沉、混亂，到頭來一點用處也沒有，相信各位也都有同感吧？

下面將介紹一種可以輕鬆記住許多事物，且不會在腦海中造成混亂的祕訣。

首先，記憶之前先檢討必須記憶的事物，將來還有可能用到嗎？究竟有無記憶的必要呢？記憶這件事對以後有幫助嗎？

在記憶前養成檢討事物的習慣，有助於從眾多資訊中，正確選擇自己需要、有意義的部分來記憶，可以減輕過多事物的負擔，並避免將時間浪費在不必要的事物上。

其次，將要記憶的事物加以整理分類，相似的事物置於同一類，如此一來，只要想起其中一類，每一類中的各個事物就能一個接一個的記起。為了清楚記憶，整理分類的工作最好由自己來做，將構成的一類事物，整理為一個主題或一篇短文，在腦海中描繪出主題或短文的特性及重點，以便於記憶其中的各個事物。

現在是資訊爆炸的時代，我們必須對所有的資訊做一番正確的**取捨**，才能真正記憶對我們有益處的東西，並加以靈活運用。如果能做到這一點，對我們的工作和學習會有極大的幫助。

03

具體決定記憶的對象

如果你想記憶自己所屬企業界的前十家公司，上一年度的總銷售額，或想記憶今年新加入全部職員的新面孔。前者，必須從相關資料中查出各家公司去年的總銷售額，列成一覽表；後者，則須蒐集新加入的所有員工照片，製成一張表，在照片下面寫上職員的姓名、年齡、出身、學歷，利用空閒時間，仔細看清每位員工的面孔，並與姓名及其他資料對應起來。

這樣做的目的是為了記憶時，能**將要記憶的對象具體歸納整理**，**並和其他不準備記憶的事物做明顯的劃分**。除了編列成表，有時也可將要記憶的事物，寫成短篇文章以方便記憶。

假如預備記憶的事物模糊不清，有如墜入迷霧中，連方向都搞不清，就想把這些模糊不清的事物記憶起來，那不知要消耗多少體力和能量，花費多少精神才辦得到，有時甚至仍無法記起來，或者雖然記住了，卻仍模糊一片，效果不佳，也沒什麼用處。因此，預備記憶的內容，一定要十分明確清楚才容易記憶，以後再確認時，也才能迅速無誤的想起，並做出明確的判斷。

對自己的記憶沒信心者，大概無法將記憶的對象巧妙整理出來。不論在企業界、學校，或在工作場合、日常生活中，凡遇到必須記憶的事物，只要清楚記憶的對象，不論多龐大的資料，只要花點時間、耐心和毅力，任何人都辦得到。

04 閱讀的聲音與節奏能幫助記憶

在學校裡讀書的時候，我們總會拿著課本大聲朗讀；學英文時，也會錄下內容反覆的聽。可是長大後，大部分人讀書時，幾乎都是以默讀的方式來進行，一來默讀的速度較快，二來默讀也較不會給其他人添麻煩。

暫且不談小說、評論之類的文章，英文、外語、詩詞等，閱讀時最好能大聲朗誦。尤其在頭腦不是很清楚，意識模模糊糊的時候，大聲朗讀要記的事物，能引起神經及頭腦的警覺，抑制頭腦飛散的思緒，注意力才能集中，頭腦才能做記憶前的準備。

發掘特洛伊城遺跡的德國人施里曼（Heinrich Schliemann），是一位語言學天才，他能在短時間內學會多國語言，用的便是朗讀的方法。他即使閱讀相同的文章，也一遍遍的大聲朗讀直到深夜。聽說，施里曼數度被房東趕出門，就是這個原因。結果每一種外語，他僅用了三到六個月的時間，就全學會了。

不過，也許因為歐洲各國的語言，都是由拉丁文衍生、發展而成的，所以才能如此迅速學會。但無論如何，能在這麼短的時間內，學會這麼多國的語言，也實在令人佩服。

當我們要查「democracy」這個英文單字時，最好一面翻，一面唸唸出聲音來，很快就能找到這個單字。因為，在字典裡面，democracy 的旁邊有許多類似拼音的單字，很容易混淆我們的注意力，有時在翻字典時，忽然看見自己關心的單字，也會分散我們的注意力，往往就忘記了自己到底要查哪個單字。所以在查字典時，口中不斷唸著要查的單字，一定能很快就找到，因為唸出聲來才能集中精神，確認正確與否。

只要學過歷史的人，基本上都能將歷史朝代正確的背出來，這是因為讀書時，必須背朝代表，不知不覺間，已經深印腦海，不會忘記了。但若要叫這些人，不准發出發音，將各朝代寫下來，恐怕會有一定難度吧！這是因為想使記憶再現，必須在腦海中發出聲音，憑著音調的節奏來喚回記憶。

換句話說，並非僅靠頭腦來記憶這個朝代表，乃是依其節奏，由嘴巴、聲帶來記憶，因此，半途說一個片斷或只取一部分，都不易想起，只有從頭開始發聲唸出來，依照其節奏，才能喚醒記憶。所以運用這方法時，只有集中注意力，專心朗讀，並且抱定非記住不可的決心，別無其他要領或祕訣。

記憶流行歌曲、詩詞、佛經、法律條文時也是如此，將要記憶的資料、書，或筆記的內容，反覆發出聲音多唸幾遍，懂了以後，不看內容，自己測試一遍，看是否清楚記憶。如此一次又一次的加以練習，同時檢討自己有沒有說錯，可能的話，最好將自己的聲音錄起來，一經比較，就能輕易發現錯誤。

這種死背的方法，雖然費力又費時，卻能記憶沒有意義的事物，且不會搞錯事物的順序，故亦不失為一個記憶的好方法。有人把彩虹的七色記憶成紅橙黃綠藍靛紫，用這個方法，既可記憶顏色，又能記憶顏色的排列次序，非常方便。

不過，小孩的這種背唸能力似乎遠勝過大人。因為大人的雜念太多，顧慮也太多，一大堆思緒在腦海中飄飛沉浮，影響了記憶的主題。因此，大人要想記憶，須返回「無心」狀態，方可好好記憶。

05

自問自答可加深記憶

相信每個人都有這種經驗，在準備期中考時，把英文的譯文及原文互相對照，拚命死記硬背下來。用這種方法，雖然一時能記住，但考試完立刻就忘光了。

假若想將英文詳細刻畫在腦海中，究竟該怎麼做呢？

通常，我們可以將老師規定的範圍，從各個角度來準備，最好自己能臆測可能的出題方式，自己出題來測驗自己的能力。

如遇到新單字，可由單字的發音、重音、意義、拼字等各方面來出題，由自己來解答。除此之外，讀英文時，文法的結構也很重要，可就翻譯的方法、應用範圍、作文及英文改寫等多方面，實際提出問題來加以解答，直到在考試中，不論以何種方式出題，都有能力應付為止。

預先檢查問題點，亦可適用於工作上。例如自己要發表企劃案前，可預先由各種角度來發現問題點，由自己來作答，對可能提出的質詢，也預先考慮如何答覆。

經過這番努力，自己的企劃案才能變成實實在在的東西，萬一有不完備的地方，也能及時發現並加以修正。若能完全解答自己所提出的各種問題，則必有信心面對、應付別人所提出的質詢，才能有十足的把握來發表自己的企劃案。

僅由一個觀點來看事物是不夠的，必需從上至下、從左至右，反覆觀察事物，才能充分了解事物的真相，刻畫在腦海中。因為只有多方面觀察事物的每個層面，才能將各個層面在腦海中結合，產生具體、明確的事物全貌，而不容易忘記。即使忘了，也能迅速從幾個連鎖地方的線索中，重新聯想起全體的形象。

06 觀察所要記憶事物的特徵

有一位籃球選手有一種怪毛病，就是經常無緣無故的精神恍惚。有一次比賽前，球隊做完熱身運動，他在教練休息區脫下長運動褲，要上場時，竟連運動服都脫了，在全場觀眾的注目下，他繼續脫得一絲不掛。還有一位大學教授晚上睡覺時，把自己的太太擱在一旁，卻抱著貓對鬧鐘說：「晚安」。這兩個實例，出自《驚異的記憶法》一書中。

一般人精神恍惚的情形雖無上述兩個實例那麼嚴重，但也常常兩眼盯著書本或科技產品，眼睛眨也不眨，思緒卻已不知飄到幾十里外了。或是離開家門後，對門鎖上了沒有、瓦斯關了沒有、出門前抽煙的煙灰是否已經熄滅等等這些事，竟然連一點印象也沒有，完全想不起來，只好再匆匆忙忙趕回家看個究竟，這些情形皆是由精神恍惚所引起的。

當看書或做事時，視網膜雖映出文字或自己正在做事的影像，但頭腦卻沒有接收到這些訊息。在這種狀態下，所讀的書或眼睛所見的事物，自然無法記憶，這種狀態，我們稱它為「出神狀態」，表示精神、頭腦完全鬆懈，進入半休眠狀態，所以對身邊所發生的事物或自己無意識的行為完全視若無睹。

要避免這種情況，應隨時提醒自己，避免陷入無意識狀態。因此當我們正在看書報雜誌時，一旦看見值得記憶的對象，就應緊緊注視、仔細觀察以便掌握其特徵，如此才能將放出去的心收回來，真正記住該事物。

假如突然詢問自己家人和朋友，今天報紙的頭條新聞是什麼，相信大部分的人都答不出來。平常我們做夢也不會料到別人會突然問這樣的問題，故頂多只能答得出：「大概是……」或「也許是……吧！」由此可見，我們看報紙時，經常僅是隨意的看了一下標題，這是輕度的精神恍惚。若知道之後有人會問這樣的問題，我們絕不會以這種方式來看報，而是用心去讀。

可見，必須記憶的對象，若**有一定的目標**，我們便會一次又一次的反覆閱讀，牢記在心。

假如觀賞電影、戲劇後必須交心得報告或發表感想，或到公園賞花後回去要寫作，相信我們必然不敢掉以輕心。至於記不得演員的姓名、鏡頭、場面、花瓣、葉子生長的形狀，以及樹的形象模糊不清，皆由於觀察力不夠的緣故。

然而，並非目不轉睛的瞪視就叫觀察力。比如去看電影，電影裡人物的面孔、名字、風景、導演、製片的姓名、標題、名稱，根據這許多東西所產生的想像，必須彼此連繫起來，不然實在不容易記得住這麼多東西。

聽說日本作家三島由紀夫，每次前往旅行取材時，從來不帶照相機，探究其原因，乃是因為太過於依賴相機，就容易忽略了眼睛的功能，即使是該觀察的東西，也會輕易的忽略過去。

當然，我們和他那樣有才能的藝術家，不能一概而論。觀察力的敏銳與否，確實有賴訓練，只要經過訓練，任何人都能**培養敏銳的觀察力**。

07 將記憶目標分類整理

當我們無意間看見屋子裡有鋼筆、筆記簿、便條紙、啤酒瓶、墨水、茶杯、鉛筆、玻璃杯、書籍、報紙時，若想將這些東西全部記起來，該怎麼做呢？

當然，將這些東西一個個記起來，也沒什麼不好。但若能先將這些東西加以分類，記憶時比較容易，再回憶時也比較不易遺漏。

1. 把鋼筆、鉛筆、墨水歸為一類——為筆記用具。
2. 把筆記簿、書籍、便條紙、報紙歸為一類——這些都是用紙做的。
3. 把茶杯、玻璃杯、啤酒瓶歸為一類——它們都是裝液體的容器。

先發掘共同點，再加以歸類，且依各個類別分別予以記憶。每一類中只有少數幾項東西，更能輕易的記憶，且不易忘記或遺漏。

因此在記憶雜亂無章的訊息之前，必須先分類整理。雖然分類時也要花一點時間，但為了便於記憶所花的時間，與記憶並再現原本雜亂無章的事物所須花費的時間相比，仍要少得多，而且正確率更高，故仍十分值得。

分組的標準，不一定只能有一個，可依其機能、構造、性質、大小、顏色、輕重、存在場所、時代等來劃分。如果並非東西，而是人的話，可依性別、年齡、出生地、籍貫、畢業學校或ＡＢＣ的字母順序來劃分。

為便於分類，組數及組內的個數都須適當，不要太多也不要過少。組數太多，記憶不易；組數過少，組內個數相對增加，也不易記。同時，分組時也要注意，每組的個數相差太多也不好。

分類結果，往往會出現既不屬於這組，也不屬於那一組，編入任何一組都不恰當的東西，這時，不必勉強非把它歸進某一類，只須將其單獨歸為一類即可。

這種記憶術也和其他的記憶術一樣，需平時就培養分類的要訣，才能熟練的加以運用。

08

找出事物間對立、類似關係並相互比較

語言中有無數對立、類似的關係。比方有人說：「目前通貨膨脹（Inflation）的情況將持續一段時間。」如果想正確記憶這句話中的「通貨膨脹」（Inflation），最好也能查出通貨膨脹的相反詞：「通貨緊縮」（Deflation）。仔細研究此二者之差異，互做比較，只要記住其中一方，便能清楚的把握另一方的涵義，憑著彼此對立的情況，便能清楚的記住。

類似的語詞，由於容易混淆，想要正確的記憶較為困難。想調查「股份公司」正確的定義而記憶時，最好將其他的公司類型一併查出，相互比較。如「獨資公司」、「股份有限公司」、「有限公司」等，找出這些類型的相似點與對立點，清楚了解其中的關係再來記憶，就變得非常容易了。

我們經常會碰到兩個分別的事物，而往往不會發覺他們彼此的關係，究竟是相似還是相對立。例如棒球用語「不規則彈跳」（Irregular bound），Irregular這個語詞和Regular是彼此對立的用語。

Regular是規則的、不變的，當名詞使用時，指球隊的正式選手。

Irregular是Regular的相反詞，表示不規則、不合法、非正規的意思。

為清楚、透徹的了解複雜、類似又對立的事物，我們利用數學上所用的「集合」來做說明：

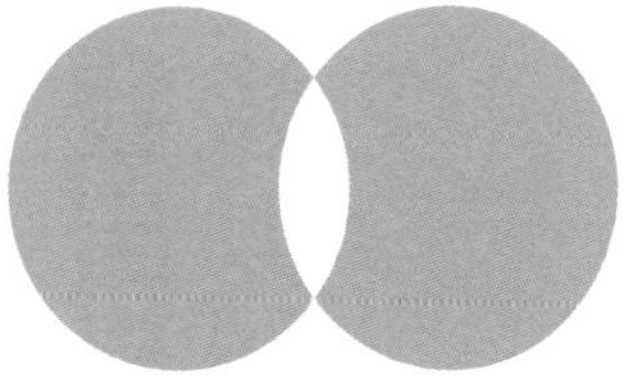

A∪B

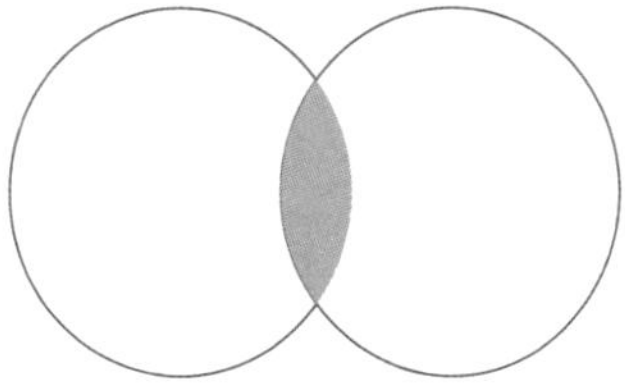

A∩B

由上圖我們可以清楚的看出，A、B共同的部分在中間重疊的地方，其餘空白部分便是彼此不同的地方，以A∩B來表示A與B的「交集」；而A∪B則表示A與B的「聯集」。

假設A是股份公司，B是有限公司，只要把各個要素寫下來，就能明白「類似點」與「差異點」了，這個類似點便是A與B的「交集」，即中間重疊的地方；而差異點便是「聯集」中扣除中間重疊的部分，剩餘兩邊空白的地方。

我們往往過分注意一個部分，忽略了對全體的注意力，而無法掌握全體。俗語說：「見樹不見林」，便是這個意思。只有遍視整體，**從整體中去了解各個部分、環節以及彼此間相互對立或類似的關係，便能明確的貫穿全體，得到完整的認識，而非只是片斷的記憶。**

同時，遇到具有某種關係的一方，無法明確了解其意時，只要運用對立、類似的事物加以聯想，便能明白。相反詞、類似詞的辭典，對我們都非常有用，各位可以善加利用。

09 掌握事物的規則性及共通性

毫無意義的數字、語詞，如能轉換一個角度來觀察或改變排列的順序，往往能發現其共同性及規則性。

如記憶下列的事物：3、10、8、12、1、7、5。

如按照次序來記這七個數字一定很費力。但若改變其排列順序，將之按照大小從小排到大就變成這樣：1、3、5、7、8、10、12。

再看這些數字時，全體顯得有順序而易於記憶。一樣得記七個數字，但是否有更簡便的方法呢？再仔細觀察後發現，這些數字是由月曆中的大月所排列出來的，這麼一來，就簡單了，只要記住是大月，便已全數記住了。所以，把要記的事物改換為清楚、容易了解的事物來記憶，便能獲得事半功倍的效果。

下列的數字，請找出其規則性及共同性，以便依照上述方法來記憶：

①2、4、6、8、10、12

②1、2、3、5、7、11

③4、6、8、9、10

首先，可以看出，這些數字全是1至12的自然數。然後①是偶數的集合，②是1的質數，③是包含有特例部分的數字集合。發現其中的規則性及共同性實屬不易，但一旦發現，卻能產生非凡的記憶效果。

這個方法也能用於數字以外的事物。請看顏色找出其共同點：

①紅、黃、藍

②紅、黃、黑

③紅、藍、白

④紅、黑、白

①是三原色　②是德國國旗　③是法國國旗或理髮廳的旋轉招牌　④是紙牌的花色

運用這個原則時，往往會遇到無法完全一致的情形，這時，只要抓住大體上一致的特性，再加以略作修改就可適用了。例如，「紅、黃、藍、棕」，只要記住「三原色加棕色」就可以了。

10 了解相關事項增強記憶

我們平時查英文字典時，有些人僅看第一個意思就把字典闔起來；有些人不但看第一個意思，還看第二個、第三個；更有些人，不但看了每個意思，還看了其他用法、相似詞、相反詞等。

僅看第一個意思的人，以為語詞只有一種涵義，永遠無法發覺詞語會隨著時間、場合的不同而變化。

當我們準備記憶英文單字時，若一個字對應一個意思，便能輕鬆的應付。但事實上這種情況比較少見，因此，僅以唯一一個意思來翻譯，整篇文章的意思就會完全走樣。為了解文章真正的涵義，不但要查出第一個意思，更要查出第二、第三乃至更多的意思，經過一番努力才能在腦海中浮現各式各樣的意思。文字本身的共同涵義，雖然用不著以語言來說明，但這個涵義，卻能用我們的感覺去掌握。尤其是英文的前置詞、副詞，不論在何種場合出現，我們都能更有彈性的做最恰當的翻譯或說明。只有靠這種方式，才能真正學好英文。

平常思考時，也可以用英文來思考。因為將一個英文單字翻譯成中文，英文原字與中文譯語之間，即使完全一致，總有些許不同，這是彼此間文化差異所造成的。運用這種方式來學外文，對了解西方的歷史、文化也有助益，到了這種程度，我們才可以說：「我學會了一個單字。」

同時，在查一個單字時，順便研究有關的詞，更能了解單字的使用方法。查閱相關語詞，在我們查百科全書時也能適用，除了原來要查的事物外，順便也閱讀四周相關的事項，及說明中所出現的相關語詞、關聯事物、參考事項等。憑著參閱相關資料，我們更能深入了解所查的事項，將來要回憶時，也能由四周關聯之線索，循序引出我們所要記憶及回想的事物。

記憶與記憶間的有機性相互連結，能不斷擴展記憶量，即使在不同時間所記憶的事物，只要彼此具關聯性，就能輕易的連結。

PART 3

輕鬆增強記憶力

01

記憶發生得很快 但也消失得很快

記憶發生於轉瞬之間，事實上只要一毫秒（千分之一秒）。有兩位神經生理學家班傑明・利伯特（Benjamin Libet）和伯特倫・菲斯特因（Bertram Feinstein）透過腦波儀（記錄腦波的儀器）發現人類大腦記錄感知覺訊號所需的時間，無論視覺、聽覺、嗅覺訊號、情緒體驗，還是思想，這些組成記憶的基本元素，都只需要千分之一秒便能從神經末梢傳到大腦中樞。

記憶的速度是如此迅速，當你聽別人說話或閱讀書籍時，在你能夠意識到自己在聽什麼或讀什麼之前，你的記憶就已經發生了。利伯特和菲斯特因發現，人對事物的感知只需一毫秒就能到達大腦中樞，然而要使這些感知覺訊號進入意識，卻還需要九百九十九毫秒。換句話說，從聽或讀開始，直至你意識到自己聽了什麼或讀了什麼，總共需要一秒左右。

雖然記憶發生的過程十分迅速，但這並不影響記憶保持的時間和記憶的清晰程度。腦科學研究者威德爾．彭福德透過實驗研究發現，當實驗者對人們的大腦記憶中樞施以特定的刺激時，人們可以非常完整且詳細地回憶起他們以為自己早已遺忘的事情。彭福德在《大腦的祕密》一書中寫到，你做過的任何事，經歷過的任何情感，曾有過的任何感覺、任何想法，都會在你大腦的某個角落留下印跡。

不幸的是，研究也發現，一段很短的時間過去，我們的大部分記憶就會「消失」，使我們難以回憶起來；五分鐘之內，我們的所見所聞就消失了50％，一小時後消失了三分之二，一天之後就消失了90％。

然而，這一切並不一定會發生，你的記憶還在你的大腦裡面，只是它們藏在大腦的無意識區域。當你要正確提取這些記憶，只要運用下面三個竅門，你會發現自己的記憶力得到提升。

快速記憶法

要將大量的訊息或複雜的事物快速記住，可以使用「快速記憶法」，你只需記住下列五個簡單的詞語就行了：

1. 相信（你能記住）。
2. 渴望（自己能記住）。
3. 形象化（所要記住的訊息）。
4. 命令（自己記住這些訊息）。
5. 複習（記住的訊息）。

腦力回溯法

一、幫助你回憶所遺忘的東西

「腦力回溯法」可以回憶各種訊息，包括所有重要細節。腦力回溯法是一套簡單的練習，它可以幫助你詳細而生動的回憶起過去幾天的訊息——事實、名字、細節、你的想法等等，它還有助於你理解和保持所有重要的訊息或經歷。

如何使用腦力回溯法回憶各種訊息？

- 詳細描述你面對訊息時所處的環境。
- 設置場景（回想當時的場景）。
- 設想自己此時就處於該場景中。
- 盡力回想那些模糊的細節。
- 把這些細節與其他細節、事實和觀點連繫起來，尋找新的觀點和連繫。
- 繼續上述步驟，直至你回憶起所有重要事情。
- 回顧並記下你所需要的訊息。

二、幫助你記憶複雜細節

腦力回溯法可以幫助你將各種複雜的資料長時間保留在你的記憶中，包括工作程序、使用說明、公司報表、業務簡報、講座、演講、董事會、研習會，以及你所遇到的其他各種紛繁複雜的資料，並能使你在需要的時候迅速回憶起有關的訊息。腦力回溯法可以完全改變你的學習狀況，更重要的是，即使好幾年後，你仍能在需要的時候回想起這些訊息。

如何使用腦力回溯法記憶複雜細節：

- 學習結束十分鐘之後，複習五分鐘。
- 一天之後，複習二至三分鐘。
- 一週之後，複習二至三分鐘。
- 六個月之後，複習二至三分鐘。

由於腦力回溯法不需要做筆記，因此許多商人和行政官員常在午餐、會談及其他社交場合中運用這種方法來記憶一些關鍵訊息。

運用記憶刪除法忘卻不需要的記憶

要提高記憶力，最好的方法是擴展大腦的記憶容量。在日積月累的情況下，我們的大腦中存儲著許多「垃圾」，從無用的姓名、日期和數字，到曾經很重要但現在已失去價值的事實和數字；從舊時的工作程序到你穿越小鎮去那個昨天第一次去、今生最後一次去的地方路線。

你可以運用大腦的記憶刪除功能使上述浪費的大腦空間得到釋放，它可以幫你抹去那些永遠不再需要的記憶，也可以說，記憶刪除要達到的目標和快速記憶完全相反。

在你學習快速記憶法時，你也掌握了記憶刪除的一些基本步驟。現在，用這五個步驟做相反的事情，即忘掉而不是記憶訊息。

1. 相信你能忘記。
2. 希望自己能忘記。
3. 在頭腦中形象化的呈現那些訊息。
4. 命令自己忘掉這些訊息。
5. 不再考慮這些訊息。

02 善用記憶術增加記憶力

你是否遇到過記憶奇才，他和一百或二百個過去從未謀面的人只是握握手，就能記住他們的全部姓名，而且能將名字和人一一對上？你是不是很羨慕他，擁有天生如此驚人的記憶力？

其實，世界上並沒有天生的記憶奇才，他們都是人為的結果。記憶能力不是遺傳得來的，它只是一種智力訣竅，每個人都可以學習和掌握。無論你認為自己的記憶力有多糟，「記憶術」都能使你達到「記憶奇才」的水準。

記憶術是指大腦在詞語、觀點和印象之間建立聯想的能力，你可以把它理解為「聯想」，而不是「記憶術」，這樣你就會覺得它很自然，而沒什麼高深莫測的了。

很久以來人們就知道，如果把訊息和某些生動有趣或不尋常的事物聯想在一起，那麼這些訊息就能在人們的頭腦裡留下深刻的印象。於是人們運用這種方法把要記憶的資料、事實與自己的愛好、職業，以及自己感興趣的人和地點連繫起來加強印象。證券經理人運用這種方法記憶重要數據；娛樂節目主持人運用這種方法記憶藝人的背景資料、唱片、歌曲、電影及電視節目的名字，以便他在訪問時能表現出對他們職業生涯的了解，以贏得他們的配合；廚師能非常詳盡地回想起若干年前他曾學習過的成千種食譜，並依照其中一種食譜烹飪出一頓精緻的晚餐。

下面介紹四種非常有效且常用不衰的聯想法或記憶術。其中每種方法都有助於增強你的記憶力，每種方法都有一個共同的成分，即把要記憶的訊息與容易記憶的要點或令人厭惡而無法忘懷的形象連繫起來。但是，這四種方法分別對應於四類智力——視覺的、言語的、數學的、邏輯的，能使擅長相應智力活動的人取得最佳記憶效果。

運用地點記憶術（Loci System）加強記憶

你是不是想得到一種能防止失敗的記憶倍增法？有一種已經過二千五百多年考驗的方法！古羅馬的演說家曾運用這種方法組織他們的演說內容，記憶奇才仰仗這種方法取得成功，推銷員透過這種方法牢記客戶的姓名，學生們依靠這種方法贏得考試。

就是福爾摩斯的記憶宮殿（Mind Palace），它像隨後要介紹的其他記憶法一樣，都是在大腦裡將一種觀點或形象與另一種觀點或形象連繫在一起，「地點」這個術語來自拉丁語的「Locus」，複數為 Loci。地點記憶術是把你要記憶的事物與你腦子裡已經存在且是你所熟悉場所的印象連繫起來。你聯想到的形象或連繫越稀奇古怪、惹人注目，你回憶起的訊息就會越生動、越準確。

你要做的就是挑選出一系列特別的場所，利用它們來幫你記憶重要的姓名和數據。例如，我們可以在起居室裡找到五處突出的點：①主入口，②沙發，③電視機，④燈，⑤掛在牆上的一幅圖畫。

記憶的過程非常簡單：

1. 選出你要記憶的事實、圖表或其他資料。

2. 看看這些要記憶的資料中有哪些因素與起居室的五個突出的點有關。

3. 把你想到起居室的點和要記憶的訊息連繫起來，在腦中創造出一組視覺形象。

4. 連續三、四天，反覆數次在腦海裡重現上述視覺形象。

例如，一位新同學的名字叫做阿菊，她長得很高。根據她的名字和形象，你可以想像她站在起居室的門口，頭碰到了燈；電視裡正在播放一場森林大火，將所有的東西燒成了灰燼，而起居室牆上掛著的正是一幅美麗的風景畫。

當你再次見到她時，不要擔心想不起她的名字。想想你的起居室，你腦海裡會出現她走進門口，頭碰著燈的圖像。再想想當時電視裡在播放什麼，這會刺激你想起森林大火將所有東西燒成灰燼的場面，以及一幅掛在牆上的波斯菊花田的風景畫。

然後，「阿菊」這個名字就會脫口而出。

透過關鍵詞加強記憶（Peg-word System）

記憶專家所說的關鍵詞記憶法，它的作用原理是將現代科學方法與傳統押韻技巧結合，這是一套能準確記憶的方法，許多人認為這是最好的一種記憶方法。

關鍵詞記憶法是把人們需要記憶的事實或數據從1到10十個基數詞押韻的關鍵詞語（如，①對應的「太陽」，⑥對應的「枝條」）連繫起來。

關鍵詞記憶法對有數學特長或言語特長的人尤其有效，但是任何人都可以利用這種方法取得良好的記憶效果。與地點記憶術一樣，運用這種方法首先要選擇一系列幫助你記憶的憑藉物。

當然，你也可以構建自己的韻語體系。米切爾・麥卡錫在《掌握訊息時代》一書中提供了如下的現成對子：

①—太陽（one—sun）　⑥—枝條（six—sticks）

②—鞋子（two—shoe）　⑦—天空（seven—heaven）

③—樹（three—tree）　⑧—大門（eight—gate）

④—門（four—door）　⑨—葡萄樹（nine—vine）

⑤—蜜蜂（five—hive） ⑩—母雞（ten—hen）

以下步驟能幫助你在需要時藉助關鍵詞記憶法提高記憶力，記住你要記的訊息。

1. 盡可能明確知道你要記憶哪些事實、姓名或觀點。

2. 在腦海裡創造一個圖像，把你要記的訊息與和基數詞押韻的關鍵詞（如「太陽」、「枝條」等）連繫起來。

3. 需要回憶時，在腦海裡複述那個數字，於是和這個數字押韻的關鍵詞會立刻浮現，並隨之帶著你想要的訊息。

學習高手米切爾．麥卡錫講了這樣一個例子：「假設你需要在人事會議上回憶並講述這樣幾件事情：增設電話、按時完成項目、項目分工。對第一件事（①—太陽—電話），你可以想像有一部無比巨大的電話飄浮在空中，陽光從它身上照射出來。對第二件事（②—鞋子—按時完成任務），你可以想像自己在辦公桌旁用一隻無比巨大的鞋裝訂一堆標有「已完成」字樣的文件。還可以想像當鞋子敲打那堆文件時，你聽見砰砰的聲音。對第三件事（③—樹—分配任務），你可以想像辦公室裡的人坐在一棵樹的不同枝條上，各自不停的做著該項目的各部分工作。

為加深印象，字母縮略法對加強我們的記憶非常有用，你甚至可以藉助它來回憶一些毫無關聯的單字或日期。

1.把你要記憶的事物名稱第一個字母列出來。

2.重新安排這些字母的順序，以使它們構成一個單字，或者以這些字母開頭組詞並用組好的詞語造一個句子。

3.要有創造性。

4.如果組詞造句時缺少母音或子音，請自行補充，你會發現，這些補充的母音或子音並不會妨礙你記憶首字母縮寫詞或句子中的關鍵字母。

本章要介紹的四種記憶方法，你已經了解了二種，你能想起這二種方法的名稱嗎？到明天你是否仍能記住？試試對它們的第一個字母進行組合，代表地點記憶法的L（Loci），代表關鍵詞記憶法的P（Pegwords），代表首字母縮略法的A（Acronyms），代表資料索引法的D（Data Indexing），即L、P、A、D。

乍看之下，這不是一個很好的字母組合：多數是子音，只有一個母音。但是，請記住，要有創造性。當你需要母音的時候，你可以補充一個母音。試試重新安排字母順序。例如，把第一個字母換到末尾，結果就成了P—A—D—L，聽起來有些像「paddle」，你可以靠這個詞來記憶。想像某個人由於忘記了這四種記憶方法而遭受了鞭打（paddled），你的記憶將因此受到強化。

第二天，問問自己四種記憶方法究竟是什麼。你很可能會先想到P—A—D—L四個字母，隨即就會聯想到地點法、關鍵詞法、首字母縮略法和資料索引法。

或者，你可以用四種記憶法的第一個字母L、P、A、D作首字母，重新組詞，並把組成的新詞串成一句話。為使印象深刻，你需要想像一些活潑的事物，也許你可以說「活潑的熊貓總在跳舞（Lively Pandas Always Dance）」。這樣，幾個月甚至幾年過去之後，每當你腦子裡出現熊貓跳舞的畫面，你就能想起地點法、關鍵詞法、首字母縮略法和資料索引法。

用一分鐘時間把這些形象和關鍵詞牢牢記在頭腦中，第二天，努力回憶這些關鍵詞所代表的事物，你會發現，你很容易就記住了一切。

運用首字母縮略法加強記憶

你怎樣記「E—G—B—D—F」這個五線譜的譜號？用「every good boy does fine（每個好男孩都做得很好）」來記是不是容易一些？

對北美五大湖的名稱，你又是怎樣記憶的呢？在地理課上，許多老師只用一個詞就能讓學生永遠記住五大湖的名稱。這聽起來很神奇吧？的確，這就是語言的神奇魅力。老師們用的詞是「HOMES」。它是五大湖名稱的第一個字母的聯合體。H代表休倫湖（Huron），O代表安大略湖（Ontario），M代表密西根湖（Michigan），E代表伊利湖（Erie），S代表蘇必略湖（Superior）。和「every good boy……」一樣，「homes」也是一個由首字母縮寫而成的詞。你在生活中會發現許多類似的詞語，而且常常在無意間發現這些詞語。首字母縮略法是幫助我們記憶周圍各種企業、政府機關及慈善團體名稱不可缺少的方法，它已從一種記憶技巧發展成為現代社會的標誌。

運用首字母縮略法，你把要記憶的事物透過第一個字母組成詞語或句子，以幫助你記憶。這樣在需要回憶時，你憑藉這些縮略詞或句子就能輕鬆的回憶起各種重要事物的第一個字母。例如，世界衛生組織（World Health Organization），簡稱WHO。你是否還能想到其他的首字母縮寫詞？也許你能想到許多這樣的詞，這正好驗證了首字母縮略法的效果。

如果你擅長拼詞、填字，或其他文字遊戲，那麼首字母縮略法將是非常適合你的一種記憶方法。即使你不太擅長語言遊戲，你也會發現，只要你掌握了訣竅，首字母縮略法其實並不難。

用資料索引法加強記憶

你是否曾經看著一屋子文件櫃，感嘆自己心有餘而力不足？你是不是希望自己能像電腦一樣，清楚、分門別類的儲存你所需要的每一個訊息，並以極快的速度提取這些訊息？

不要失望，資料索引法能使你的大腦做到這一點，你可以讓自己的大腦成為一個可以無限擴展的巨大檔案夾、文件櫃，或者是數據存儲庫。

科學家說，我們的大腦能儲存一千億個訊息單位，這相當於五百冊百科全書的訊息量！然而，我們很難迅速且輕易的把我們所需要的那一則訊息存儲進去或提取出來。

多數情況下，訊息在大腦裡的分布和你獲取訊息時一樣分散零亂，要想在大腦裡搜尋某種訊息，那真是令人心灰意冷的經歷，常常落得徒勞而無功的結局。這好比是握著一封重要的信件，走進一座大如城鎮的倉庫，要立即決定該把它放在何處一樣。

然而，假如你有一張倉庫平面圖，或者你有一份索引，標明你已記憶在腦海裡的五百冊百科全書中有哪些是有價值的訊息，那情況會怎樣呢？如果你把這些索引運用到你的記憶中，那麼你的記憶力會增強五百倍。

透過資料索引法，你會了解如何為一千億個訊息單位做一個龐大的索引系統。腦力專家斯科特·威特用書籍目錄來比喻資料索引法的作用。他指出，一般的書籍只需一頁目錄就可以概括全書的重要內容。試問：「記一頁目錄，或者記全書的內容，哪個更容易？」

資料索引法的作用，在很大程度上與文件標籤或電腦的搜尋功能差不多。你在大腦裡為訊息做一份令人難忘的標籤，你可以分門別類一級一級的做索引，這樣你就可以清清楚楚、明明白白的儲存並提取無限多的訊息資料。

資料索引法簡便易行，它能使每個人的記憶出現奇蹟，對那些擅長邏輯思維的人來說，資料索引法的作用尤其明顯。資料索引法分為四個步驟：

1. 出處標記：顯示資料來源的標籤。
2. 主題標籤：顯示資料所屬門類的標籤。
3. 鏈接記號：顯示資料與上述來源和主題的關係。
4. 透過同樣程序為次一級資料做索引。

03

製作個人專屬的記憶圖

圖解記憶是一種新且強而有力的記憶工具，十餘年來，學習專家們一直在不斷發展和改善這種記憶策略。它非常簡單，有點像小孩子的遊戲，你所需要做的就是把最主要的觀點和事實簡略記下來，然後用箭頭連接這些事實或觀點，並標明它們之間的連繫。

不過，圖解記憶遠比小孩的遊戲複雜。跨國公司的管理人員、軟體開發者、企業家、大學教授以及學生都運用這種策略促進記憶、刺激思維，它對任何會議、講座，凡是你有機會抄錄筆記的時候都非常實用。當你獲得一些「飄浮不定的」訊息，或者在訊息首次出現的情況下不能運用圖解記憶時，你可以稍後運用圖解記憶法使訊息明朗化，並把訊息儲存在大腦「硬碟」裡。

圖解記憶法最初源於加拿大心理學家思德・圖靈的研究。他把學生分為兩組，給每個學生一百張單面印有單字的卡片，要求一組學生記住這些單字，要求另一組按可能的邏輯關係對這些單字進行分類。

然後，圖靈分別對兩組學生記憶一百個單字的情況進行測驗，結果非常令人吃驚。第二組，即被要求對單字進行邏輯組織而非特別要求記憶單字的那組學生，其得分與那組集中精力記憶單字的學生完全一樣。圖靈由此得出結論，學生積極對資料進行加工組織，可以使資料形成一定有意義的結構和連繫，這些結構和連繫會使資料在我們的記憶裡留下深刻印象，其效果與有意記憶不相上下。

圖解記憶法的第一個步驟是把要記憶的事物以關鍵詞寫在一張紙的中央，然後在關鍵詞周圍記下第二層次的要點，並用線條把它們與中央的關鍵詞連接起來。接著，把與各個二級要點有關的下一級要點記下來，並用線條把它們與有關的二級要點連接起來，這些三級要點也許與中心要點有關聯，也許沒有。最後你將得到一幅有眾多分支的圖畫。

運用這種方式儲存訊息要比逐條記筆記更有趣、更容易，它能使你看一眼就想起一些關鍵的要點。圖解記憶法對任何透過語言或視覺圖像傳播的訊息，如講課、會議、書籍、報告、短片、紀錄片等等，都非常有效。圖解記憶法之所以有如此作用，是因為在你寫下各級要點並畫出表示其相互連繫的連線過程中，你一直在不停的思考、理解和評價相關訊息，把它們轉化為與你個人經歷相關的術語。這種方法對那些視覺智力（與言語智力相反）高度發達的人特別有用，因為逐條總結要點對他們是很大的壓力。當然，圖解記憶法簡便易行，任何人都可以有效運用。

圖解記憶法的功用：

1. 可以使記憶在不同水平上同時展開。
2. 用圖解方式可以把蜂擁而至的大量訊息轉化為對你有意義的概念或圖像。
3. 它既發揮大腦左半球的言語和分析能力，又發揮大腦右半球的空間和視覺能力，對大腦兩側記憶中樞儲存的事實和數據都具有強化作用。
4. 把主要觀點寫下來，並標示它們之間的連繫。以一種對你有意義的方式組織這些觀點，可以使記憶資料變成你個人的東西。
5. 記憶圖會給新的觀點和連繫留有餘地，能刺激你不斷從新的角度去思考。
6. 由於這一張紙囊括了所有的關鍵要素，因此你更容易看出其中的重要連繫。
7. 你覺得哪些觀點之間有連繫，便在記憶圖上標明這種連繫。你是按自己理解的方式組織有關訊息，這使你更加容易儲存和回憶這些訊息。

8. 自覺加工訊息，而不是被動的聽或讀，這更有助於你牢記訊息。

9. 以非線性方式把各種觀點連繫起來，這的確能有效促進記憶，因為它和大腦的工作機制相同，大腦就是以非線性的方式把各種記憶印象聯結在一起的。

圖解記憶法是一種很有力的工具，它可以強化你對事實和數據的即時記憶和長時記憶，明瞭你自己的感受是什麼，這非常重要。記錄關鍵詞、標出它們之間的連繫並解釋這些連繫，這都要求你的全心投入。相對於被動的聽、讀、筆記，你全心投入繪製記憶圖能確保你更好、更長久、更容易的記住有關訊息。因此，圖解記憶法能使你的記憶力加倍增長。

圖解記憶法非常簡便易行，你所需要的就是一張大紙和一支筆，紙越大越好，當你發現某個詞或某條連線需要更改時，用鉛筆會更加方便。你也可以用三到五種彩色鉛筆來幫助區分不同類型的連繫或觀點，例如，用一種顏色表示剛剛掌握的新要點，用另一種顏色表示自己已經知道的東西，用第三種顏色表示今後需要繼續探索的訊息，其他顏色則用來表示第二級或第三級要點。

繪製記憶圖的過程包括六個步驟：

1. 在紙的中央寫下你要記的觀點或事實的關鍵詞，再把它圈起來。

2. 把你想到與該觀點或事實有關的要點或第二級要點寫在關鍵詞周圍，用圓圈把每個要點分別圈起來。

3. 在這些要點和中央的關鍵詞之間畫上連線。

4. 將與第二級要點有關的例子、參考訊息或想法寫下，並在它們之間畫上連線。

5. 把你所想到的新觀點和新連繫不斷添加到記憶圖中，直到你覺得所有重要訊息都已進入記憶圖為止。

6. 一旦有新的重要訊息出現，就立即把它添加到圖中。

下面是圖解記憶專家提出的一些注意事項，它們將幫助你發揮圖解記憶法的最大限度作用。

首先，不要擔心你列出的某個要點不重要，你可以在想出新的、更重要的要點時，把它刪除或作修改。其次，為保證你能對記憶圖進行修改和補充，你要在圖中留下足夠的空間。再者，沒必要要求自己繪製的記憶圖準確無誤，這是你自己的記錄，只要它適合你的需要就行了。記憶圖的唯一目的就是以你的方式理解，並記憶你認為重要的觀點和事實。

為加快記錄速度，你可以使用各種對你有意義的視覺符號。例如，在與增加收入有關的要素旁畫一個「$」符號，在需要警惕或躲避的事情旁畫上一個「X」或骷髏圖，在需要核對的數字旁畫一個「？」。

04

提高記憶力的訣竅及十五大要素

提高記憶力的訣竅

理解是記憶的基礎，背誦是記憶的根本；
爭論是記憶的益友，重複是記憶的竅門；
趣味是記憶的媒介，聯想是記憶的功能；
化簡是記憶的助手，模擬是記憶的恩人；
卡片是記憶的倉庫，應用是記憶的靈魂。

提高記憶力的十五大要素

1. 要使心情平靜下來。
2. 頭腦清醒時學習。
3. 要有「一定能記住」的信心。
4. 找到適合自己的記憶方法。
5. 要對記憶內容感興趣。
6. 明確目的才能促進記憶。
7. 和愉快的事情結合起來記憶。
8. 經常處於接受新刺激的環境中。
9. 仔細觀察。
10. 深刻理解意義。
11. 透過形象掌握知識。
12. 一邊思考，一邊記憶。
13. 有效複習，保持記憶。
14. 藉助聯想進行記憶。
15. 適當的休息能促進記憶。

PART 4

告別機械式記憶

01 科學的記憶技巧讓你記得更好

面對浩瀚的資訊，我們早已不能用死記硬背的方式來記憶了，死記硬背只會累死你，使你的記憶混混沌沌，運用各種經過科學驗證的技巧來記憶，就能避免這些問題。

利用「規律」來記憶

一、理解規律。這是最簡單卻又最重要的規律，對你要記住的東西理解得越深刻、透徹，就越容易詳細、牢固的記住它。

二、興趣規律。要消化知識，就必須有吸收它的興趣，就像吃飯必須有食慾一樣。對有興趣的知識，很容易就能將它接納進大腦的記憶庫中。

三、溫故知新規律。我們每個人或許都有這樣的體會：當你重新研讀一本以前讀過的書時，往往會有新的發現和體會。這是因為在重讀的過程中，在新舊知識之間建立了許多關係，從而增強了記憶。

四、代價規律。要牢記某個訊息，必須付出時間的代價，花在記憶上的時間越多，那麼所記憶的訊息在你腦海中就保持得越長久。

五、聯想規律。同時產生的概念，會在記憶中互相保護連繫。

六、順序規律。當我們按字母順序背誦外語字母時感到容易，同理，按某種順序記憶一些資料，就容易記住。

七、深刻印象規律。對需記憶的東西，首次印象越深刻，那麼記得就越牢。

八、抑制規律。這是一條容易被忽視的規律。新的記憶訊息會抑制舊的記憶訊息，因此在你準備接納新訊息以前，應當先鞏固一下記憶的舊知識。上述情況對於記憶相近領域的訊息尤其明顯。因此建議學生最好不要在學習數學後立即學習物理，學習歷史後立即學習語文，這樣容易「記後忘前」。

運用記憶規律，掌握適當的記憶方法，可以大大提高記憶的效率。

用身體運動的節奏感來記憶

奧地利心理學家弗洛伊德在小時候，每次為了記住拉丁語的語尾變化和希臘語的文法時，就在桌子和牆壁間來回踱步，並且用不斷敲打的聲音節奏來幫助自己記憶。

有些人在思考問題時，常會有意無意的敲打桌面或其他東西，久而久之，就成為一種習慣，如果缺少這種聲音就難以想出事情來。類似這種有節奏感的聲音，可以幫助我們集中精神。

我們身處一個視聽的時代，由於聽覺的不斷發展，已經達到了和視覺同等重要的地步。聽覺和視覺相結合的結果，使得節奏感成為感覺的重要部分。人們在學習（主要適用於自學環境）過程中可伴有節奏感的聲響或音樂，使人們沉浸於一種快感之中，這樣可以相對增加記憶效果。這種以身體運動節奏來幫助記憶的方法，也是一種絕佳的記憶術。

以閱讀的四倍時間作有效記憶

人們記憶的能力伴隨年齡增長會出現很大的差異。人們大都有這樣的感受，在年輕時候所背過的東西，到了成年之後仍能應用自如。可見，必須趁年輕時，學會記憶最多事物的方法。

美國的傑茲博士曾做過試驗，將所有被試驗的人分成四組，給每一組九分鐘的時間記憶十六個毫無意義的拼字。一般來說，分配於記憶的時間越長，記憶量也就越增加。例如，將全部時間用於閱讀的A組，讀完以後能夠記憶35％的內容；而分配五分之四時間記憶的D組則能夠記憶74％，也就是比第一組多一倍的記憶數量。經過四小時試驗後的調查結果顯示，以全部時間閱讀的A組，能夠記憶的只剩15％。而用五分之四時間記憶的D組，則可記憶48％的內容。而且經過的時間越久，其間的差別越大。

由此可見，在記憶上多花一些時間，以五分之一時間閱讀，用五分之四的時間從事記憶，這樣的記憶效果最佳。

抗干擾快速記憶法

心理學研究顯示，干擾是造成遺忘的重要原因，在人們的記憶過程中，只要經過十八秒鐘的干擾，人們的遺忘率就可能高達90％以上。因此如何解決干擾問題，是一個世界性的難題。美國從五〇年代起就開始研究這一課題，至今仍沒有重大突破，而這似乎也正是人們對倪氏「抗干擾快速記憶法」青睞有加的原因。

說起記憶的方法，不外乎機械記憶、形象記憶、聯想記憶與意義記憶等。但傳統方法一貫強調用腦時精力要集中，周圍環境也要相對安靜，而這在現實中往往是很難做到的。倪新威認為，籃球員在帶球過程中可以眼觀六路，判斷敵友的位置；駕駛員可以在瞬間了解各種儀表的變化；還有的人可以雙手同時書寫不同的文字，兩眼同時閱讀不同的文章，這些都說明人類完全可以做到「一心二用」，因而也就可以在抗干擾中實現快速記憶、處理、存儲訊息。正是在這樣的認識基礎上，倪新威廣泛涉獵了腦科學、符號學、認知心理學、記憶心理學等，用八年的時間研究、摸索，終於在一九九四年創立了他的「抗干擾快速記憶法」。

所謂「抗干擾快速記憶法」也與以往的記憶術一樣是建立在聯想、想像、圖形及諧音等基本方法上，只是更加系統和科學化。比如記長串數字時，他仍把既無意義又枯燥難記的數字分組編碼，再轉換成有意義、語義新奇有趣的中文句子。

抗干擾快速記憶對中、小學生有無幫助呢？有。而且幫助非常大。倪新威先生曾發表文章，寄語孩子們：掌握學習方法十分重要。而記憶術就是一種重要的學習方法，他說，在日常生活中常常聽到許多家長抱怨孩子成績不如人意，事實上造成孩子成績不理想的原因主要還是學習方法錯誤與學習能力差。人們平時學習只注重「戰術問題」——花多少時間去背單字、公式、性質、課文；每天做幾十個題目。而忽視「戰略問題」——從未花時間去研究「採用什麼方法去記憶，怎樣記憶效果更佳，如何用最短時間達到最佳的學習效果，如何提高素質」。

記憶力是人類學習的一項基礎能力，記憶是智力的構成因素之一，記憶力的好壞對學習有直接影響，在記憶過程中，多數同學採用「不斷重複」的方法來記憶，這樣做既苦又累而且不易達到效果。事實上許多資料不採用重複方法記憶而採用聯想效果反而好得多。聯想是人們由一件事想到另外一件事的一種心理活動，記憶的原理是透過聯想，將要記憶的資料與已有的知識充分連繫起來。聯想不僅有助於記憶，而且對各門學科的學習有直接的益處，常用的聯想有對應聯想、串聯聯想。

在記憶中若充分運用聯想，就會使記憶變得輕鬆許多。例如，英語單字 Car 的意思是汽車，藉助 Car 我們很容易記住 Cart（馬車），即聯想 Car ＋ t 等於馬車。

好的學習方法往往可以獲得事半功倍的作用，但有方法而沒有能力也是不行的，好比有了一輛自行車卻不知道怎樣騎車，則發揮不了自行車的優勢。針對學習中所需要的各種能力，是可以訓練的。

儘管倪氏「抗干擾快速記憶法」僅需要兩天就可以學會，但倪新威先生卻強調大量而刻苦的課後練習是不可缺少的。

02

科學的知識儲備方法讓你記得更牢

現代知識浩如煙海，所以我們必須講究科學的知識儲備方法，這種「知識儲備術」可以分為：「內儲」、「近外儲」和「遠外儲」三個方面。

內儲

內儲是把隨時需要提取的常用知識牢固的記在大腦，記憶的方法有：

一、理解記憶法。即從道理上弄清諸多思維對象的內在連繫及其邏輯關係，此方法有助於聯想記憶，適用於定律、原理、公式、法則的記憶和掌握。

二、特徵記憶法。尋求事物的特徵，利用相似或相反的對比聯想來加強記憶。

三、感官並用記憶法。即眼見、口唸、耳聽、手寫並用，共同作用於大腦皮層，產生疊加效應，可加深記憶印痕。

四、簡要記憶法。將龐雜的知識體系簡化成圖表，或簡明扼要的邏輯體系。

五、複習記憶法。知識的內儲過程要保持高度的注意力和適當的緊張度，方能事半功倍。

近外儲

近外儲包括製作卡片和記筆記，它可彌補內儲的不足。

一、卡片記憶法。一般均以內容分類、編號來製作卡片，這樣可以隨用隨取，以便於擴大大腦對於知識的存儲。

二、筆記記憶法。筆記是幫助記憶的良友，方法有：

- 綱要式筆記。即以綱目形式記下書中的主要內容，藉以把握書中概要。
- 書眉式筆記。可利用書中空白處，把重點提示、疑問、啟發和感想記下來，用以啟迪思路。

- 心得式筆記。
- 摘引式筆記。根據需要把書中主要論點、論據、精彩章節、段落等摘記下來，可濃縮知識和便於記憶的作用。

遠外儲

當代科學有高度分化與高度綜合的趨勢，迫使人們不斷擴大知識領域，即使充分運用記憶力、藏書和筆記也難以滿足人們對知識的渴求，這就是要求我們加強運用遠外儲的能力。所謂「遠外儲」就是要求人們懂得一點目錄學、圖書館學、情報學，以及如何讓網路搜尋更精確的方法，學會查索引，能夠在書海和資訊大海中，謹慎查詢、選擇、使用資訊。

03 經過實證的背誦十項法則

科學家經研究試驗，歸納出背誦資料的十項法則：

1. 背大段有用的文章比背簡短的佳句更為有益。試驗發現，背誦難度不一定與資料篇幅成正比，背二十行所需的時間並不是背十行的兩倍，而是更多些，但是背誦的資料越長，保持記憶的時間就越久。
2. 背誦同一資料，理解的程度越深，記憶的量就越大。經試驗，要記住十五個單字需要讀八次；而記十五個意義相關的詞則只需三次。
3. 複習已經記憶的資料，能增加記憶內容數量並延長記憶時間。
4. 分散背誦要比集中背誦好。也就是說，背誦時有間歇比無間歇好。多背幾天，每天背上十到十五分鐘，比在一、二天內用半小時、一小時背誦的效果更好。在學習中休息一下，並多變換休息方式，可使我們的記憶力得到很好的休息與調整，大家不妨試試。背記的資料越長、越複雜，就越能顯示這種休息與調整的優越性。

5. 資料的前十六行最好完全照本背誦下來。

6. 如有兩篇長短不同的資料需要背誦的話，最好先背篇幅較長的。

7. 在背誦過程中，人們常常會在結束前歸納一下全部資料，這時往往覺得記下了後面又忘掉前面，彷彿還得重新開始，於是產生失望情緒，似乎前功盡棄，徒勞無益，但是不能向這種暫時的困難屈服，因為在背誦過程中出現的這種情況是在所難免。

8. 如果只是連續多次的讀一篇資料，那麼隔四個小時，尚可記住它的16％；但如果拿出讀一篇資料所花費時間的五分之一進行複習，則可記住19％；如果拿出五分之二的時間複習，則可記住25％。因此我們在背書時，複習的時間要用得多些，而不要總是不斷的重讀。

9. 我們靠記憶所做的第一次複述，效果是很牢固的。儘管有時複述得並不很順利。但第一次複述是有決定性意義的；第二次複述是重要的；第三、四次只不過提高少許效果；第五次一般就沒有什麼用處了。

10. 在背誦和複習的休息期間睡一覺，記住的資料就不會忘掉。但如果不是睡覺，而是做別的事情，那麼在休息期間便會有所遺忘。須知人在睡覺中不會記憶，但也不會遺忘。

PART 5

要學會記憶，得先學會閱讀

01 提高閱讀速度的方法

在記憶之前，首先要培養快速閱讀的能力，並從中選取需要記憶的內容。

我們每天學習和記憶的大部分資料是以文字形式出現的，無論是網路資訊、郵件、文件、報告、備忘錄、信件、報紙、傳真、雜誌等。為了使工作成功，能作明智的選擇，讓生活更加充實，我們必須面對挑戰，吸收上述各種形式的訊息。我們這一代需要閱讀和吸收的書面文字訊息比歷史上的任何一代都多。今天，即使是快速閱讀者，也抱怨訊息太多，令他們不知所措。人們很容易理解，閱讀能力的提高意味著腦力的提高。但是，你不必自己嚇自己，一些新的閱讀策略可以幫你改變目前的狀況，即讓訊息不再成為你肩上的重擔，而是讓它們為你所用，從一種障礙變為一種財富。

過去三十年來，科學研究已揭示了許多和閱讀有關的祕密。研究說明，快速閱讀的確很有效，但它只是一個開端。許多人認為，快速閱讀是一種鼓動人心、非常有效的閱讀方法，它比學校教我們的其他任何一種閱讀方法都要優越；然而，快速閱讀僅僅是個開端，隨著一系列新的閱讀策略出現，快速閱讀顯得有些過時了。這些新策略能有效的釋放人們天生的閱讀能力，因此你**能非常迅速的閱讀，而不必以犧牲理解為代價**。

運用本章介紹的基本方法，它能加快你的閱讀速度，提高你的理解能力。這聽起來似乎太誇張了，但事實如此，人天生的閱讀能力就具有如此巨大的威力。你將發現自己的閱讀能力提高了，不需揮汗如雨便能迅速而有效的閱讀所有資料。

集中注意力是速讀的關鍵

你也許會問，「集中注意」，這麼簡單就會使我擁有速讀能力？一定是開玩笑吧！這聽起來也太容易了，簡直不像是真的。不過，一些非常嚴謹的科學研究已經證明，你只需要有意的把注意力集中於你要閱讀的資料，你就能使自己的閱讀速度和理解程度提高數萬倍。

想想下面的情形：你是否曾處於一個非常緊張或非常危險的情境，如一輛小轎車直衝你而來，或者你目睹有人處於危險中，當時，你是不是四下張望，只是短短一瞥，便將一切細節盡收眼底？如果你確實遇到過類似情境，那麼你一定已對大腦的神奇力量有所體會，它能在瞬息之間感受並理解你眼睛所見到的一切。

你也可以想想，有時你明明已看完一段或一份與工作有關的文件，但你突然意識到自己不知道它講了些什麼。想想你有多少次就因為注意力不集中，讀得不認真便浪費了寶貴的閱讀時間。

閱讀指導專家諾曼．路易斯（Norman Lewis）在其著作《如何更好更快的閱讀》（*How to Read Better and Faster*）這本書裡，闡述了注意力與閱讀速度之間的密切連繫。他在成人閱讀實驗室進行的一項實驗中，路易斯讓自願參加實驗的人以平常的閱讀速度讀一篇短文。他在實驗室裡營造了舒適、有助於人們放鬆的情境和氣氛，並要求這些自願者按照他們在家閱讀的速度閱讀這篇短文，唯一的條件是他們必須逐字閱讀並理解短文的意思。讀完後，路易斯記錄下每個人所用的閱讀時間，並檢測了他們的理解情況。

第二天，路易斯讓這些自願者閱讀另一篇長度一樣的文章。這一次，他要求他們盡快讀完，同樣，唯一的條件是，他們必須逐字的閱讀，並不能以犧牲理解為代價。

讀完後，路易斯再一次記錄下每個人的閱讀速度，並檢測了他們對文章的理解情況。

實驗結果為集中注意力的作用提供了非常有力的證據，多數自願者的閱讀速度提高了25％至50％，而且他們對文章的理解絲毫沒有降低。

克服三種不良閱讀習慣

在你學會加快閱讀速度之前，你需要克服三種我們從小學來的不良閱讀習慣，如果沒人告訴我們，我們會在每次閱讀時不自覺的、成千上百次的沿用這些習慣。正是這些習慣使我們的閱讀事倍功半，而且讓我們覺得閱讀是沉重、緩慢而令人厭煩的。

也許你以前從未聽說過這三種習慣，也還沒意識到自己就有這些習慣。但是，一旦你了解它們，你就會認識到這三種不良習慣過去一直在抑制你的閱讀速度。

這三種習慣堅如磐石，只要你脖子上套上它們的枷鎖，你就不可能速讀。每放棄其中一種習慣，你的閱讀能力就會相對的大幅度提高。在克服這三種習慣的過程中，你會發現自己越來越接近速讀的要求。

這三種不良閱讀習慣是：

一、默唸

你很可能是這樣學會閱讀字母、單字或句子的，老師讀一遍你便不出聲的跟著讀一遍，科學家們把它稱為「默唸」。

不出聲的複述詞句會使你的閱讀速度變得和你說話時一樣慢。大腦思考和閱讀詞句的速度遠遠快於說話的速度，所以，有時你會因說話跟不上大腦運轉的速度而出現舌頭打結的情況。

閱讀專家邁克爾．麥卡錫指出，如果你在心裡讀出每個單字，那麼你的最快閱讀速度是每分鐘讀一百五十個字，逐字閱讀的最快速度約為每分鐘二百到三百個字詞，這只是一般閱讀速度，即每分鐘六百多個字的一半。

放棄默唸的習慣需要一定的技巧，就像學騎自行車，剛開始也許會掉下來好幾次，但堅持一段時間，你就會掌握這種技巧。而且和騎自行車一樣，一旦掌握這種技巧，你終生都不會遺忘。

二、逐字閱讀

我們閱讀往往是從理解字詞開始的。根據老師教的方法，我們先確定每個單字的發音和意義，然後我們把這些單字連成句子，如「看見…鴿子…在飛」。就學習閱讀而言，這是一種很好的方法，但對閱讀實踐而言，它卻是一種糟糕的方法。

導致你不喜歡閱讀的原因可能是你覺得閱讀太費時間，你自己思考要比閱讀快得多，你覺得閱讀就像是朝著一個遙不可及而又不怎麼重要的目標緩慢前行一樣。

調查顯示，那些放棄逐字閱讀方式的人很容易就學會每分鐘讀六百個字、一千個字，甚至二千個字，這個速度比那些每次都在心裡複述每個單字的人快好幾倍。

科學研究發現一種適用於成人、全新而有效的閱讀方法。童年結束時，我們的大腦發展出一種即時處理大量訊息的能力，透過這種能力，我們可以跨越老式的逐字閱讀方式。如果你是個逐字閱讀者，你可能認為這種新的閱讀方式猶如空中樓閣，然而，這種新的閱讀方式有非常牢固的基礎。你一定知道，成人大腦所能吸收和理解的訊息遠遠多於小學生的大腦，也許你認為這和閱讀沒什麼關係，但事實上閱讀也需要發揮大腦獲取和管理大量訊息的能力。

成人大腦的構造使他們只需瞥一眼就能抓住並理解一個詞組或短句的涵義，而不必逐字解釋或朗讀。如果你放棄逐字閱讀，學習一個短句一個短句的閱讀，假設平均每個短句由三個單字組成，那麼你的閱讀速度會提高三倍。

如果經過訓練，能夠充分發揮大腦一個短句一個短句了解文字資料的能力，將會釋放你的閱讀能力，使過去緩慢艱難的閱讀變得非常迅速。

三、回頭不斷檢驗

「走回頭路」是破壞成人閱讀技能的第三種不良習慣，也是其中最糟糕的一種。所謂走回頭路，是指我們一邊閱讀一邊返回前面讀過的部分，檢驗我們對某個單字的理解是否正確，這是非常普遍的一種閱讀習慣。邁克爾．麥卡錫指出，走回頭路是一種無意識的習慣，它之所以會發生，是因為我們對自己理解資料的能力缺乏信心。當我們錯過一個單字或一個短句，或當我們的注意力分散一會兒之後，我們會自然而然的覺得，如果我們回過頭再讀一遍，我們就能理解的更好。

然而，這種想法是非常錯誤的，走回頭路不僅不能改善我們的理解，事實上它還可能影響我們的理解。每遇到一個單字或短句就停下來反覆思量，這會影響大腦功能的發揮，使它不能從整體上把握閱讀資料的涵義，同時，還會打斷我們的思路，使我們難以分析文章是如何把細節組織在一起的。

想像一下，人們以這種方式組裝一架飛機。他們拴緊了第一個螺絲釘，然後，卻不得不把它拆下來，在拴第二個螺絲釘之前再把它拴進去。隨後，他們又把第二個螺絲釘拆下來，在拴第三個螺絲釘之前把第二個螺絲釘拴進去。

人們組裝一架飛機的時間不得不增長一倍，此外，這還讓人產生挫折感。現在你應該明白為什麼看似無害的「走回頭路」會使我們的閱讀能力消耗殆盡了吧！

透過「閱讀強化措施」鞏固閱讀內容

目前，你的閱讀速度已經比你剛剛開始閱讀本章時快了好幾倍，而且這並沒有影響你對本章內容的理解。當然，如果你不能理解並記住你所閱讀的內容，那麼任何閱讀技巧都是沒用的。然而，大自然似乎是有意捉弄我們，我們透過閱讀獲取的，以及我們最希望能記住的，恰恰是一些最難回憶的訊息。

和周圍物質世界相比，我們所觀察的事物對我們的影響比較少，因此也比較難留下記憶。同樣原因，許多人連自己讀過什麼書都記不住，更不用說記住書的內容了。

你一定遇到過這樣的情形，在工作中，或在學校裡，或在其他一些重要時刻，突然有人叫住你，讓你談談前一天剛讀過一份資料的具體內容。可是當時，你的大腦卻一片空白，或者你發現自己僅有一些模糊的印象。

無論哪種情形，其結果都一樣：你很緊張，感到很丟臉，只好匆匆離去。而且，你很可能在隨後不斷抱怨自己沒能記住剛剛讀過的東西。

然而，這並不是你的錯。假如別人問起的是有關晚餐的事，你肯定能想起前一天晚餐時你吃了些什麼，以及你和別人的談話細節。我們和周圍世界的相互作用比白紙黑字生動得多，因此它們給我們的記憶也要深刻得多。

諷刺的是，我們常常發現自己最需要記憶的訊息恰恰來自於閱讀。生活中一切重要的事物幾乎都是以書面文字形式出現的：企業的規章制度、員工手冊、保險政策、利潤表等等，你還可以透過書面文字資料彌補你親身經驗的不足。

現在，情況可能發生一些改變。透過五種「閱讀強化措施」，你能像記住晚餐細節一樣，清楚的回憶起你所讀過的任何訊息。

下面列出了有助於鞏固閱讀的五個問題，每當你讀完你要記憶的資料後，你就該向自己提出這五個問題。

1. 它是講什麼的？
2. 其中最重要的訊息是什麼？
3. 作者要傳達的觀點是什麼？
4. 你對它有什麼想法？

5. 它有哪一點顯得最獨特？

試試這簡便的五步策略，它可以使你的閱讀能力成倍提高。你不僅能在第二天回想起前一天讀過的細節，而且如果有人問你，你也能把這些細節保持記憶很長的時間。

02 便捷式閱讀能提高閱讀效率

假如你能使自己的閱讀能力提高數十倍，這對你的工作、生活，及充實自己的大腦有什麼作用？讀完下文後你會發現自己的閱讀能力已比過去增長十倍。

事實上，太多人認為閱讀是件苦差事，殊不知，正因為他們帶著這種念頭去閱讀，所以他們才會覺得讀書很困難。

其實，只有當你不知道如何便捷的閱讀時，閱讀才是一件苦差事。我們的目的不在於讀得更快，而在於讀得更加有效率。讓生活更加便捷而不是更加繁瑣，這是人生最基本的準則之一。

閱讀專家邁克爾．麥卡錫認為，我們讀過的內容中有90％屬於浪費精力，其中大部分文字與我們感興趣的主題沒有關係。只有10％，甚至更少的內容才包含我們用得著的訊息。如果你能跳過這90％的不必要內容，直接閱讀能用得著的那10％，你可以節省多少時間和精力？用同樣的時間，你可能多讀十幾倍的內容。

這樣還能說閱讀是件苦差事嗎？閱讀再也找不出什麼可怕或困難的地方了，我們沒理由放棄閱讀，因為當你意識到自己在閱讀時，閱讀過程已經結束了。

閱讀研究者提出三種奇妙的策略，你可以藉助它們跳過那些細枝末節，直奔實質內容，即那10％的內容。這三種策略是：

1. 增加每分鐘理解的訊息。
2. 運用「閱讀圖解」。
3. 略讀。

增加每分鐘理解的訊息

R．羅伯特是一家大型傳播公司的副總裁，他學了一門非常著名的快速閱讀課程。據檢測，他的閱讀速度達到每分鐘一千多個單字。過去當他每天面對大量他需要閱讀的商務信件、通知和貿易雜誌時，他常常感到不知所措。現在，儘管他的閱讀速度加快了三倍，但他仍覺得時間不夠，沒辦法讀自己想讀的東西。羅伯特覺得目前的狀況還不如他修那門快速閱讀課程之前。

他犯了一個很常見的錯誤，他認為自己讀得越快，理解得就越快，但他只說對了一部分。羅伯特沒有認識到，雖然他的閱讀速度加快了，但他閱讀的很多資料不是與他的需要無關，就是重複閱讀，或者在浪費他的寶貴時間。即使讀了幾百頁，他也沒能吸收多少新的觀點或重要的數據。羅伯特關注的對象錯了，他需要關注的不是閱讀了多少單字，而是吸收了多少重要訊息。

許多人錯誤的把注意力集中在提高單字的閱讀速度上，他們被各種速讀培訓班的廣告所迷惑，期望能如廣告所說一目十行，每分鐘閱讀二千個單字。但是，你的閱讀目的並不是為了更快的理解單字，你之所以閱讀是為了獲取一些重要的事實和觀點。

要想隨時掌握洶湧而至的訊息，單靠增加每分鐘理解的單字量是遠遠不夠的，即便你每分鐘能理解的單字量增加，你仍不能達到你的閱讀目的，特別是當其中許多單字與你想了解的事物無關時更是如此。閱讀這些無關的單字並不能使你向目標靠近，你需要努力增加的是你每分鐘能理解的訊息。

對閱讀速度的關注將使你的努力導向歧途，使你沉迷於堆積如山、無關緊要的單字堆裡。其實你用不著讀完作者的每一句話就能理解他的全部觀點。例如，某段文字的標題或標題中的某句話就可以告訴你該段文字的主要內容。

為獲得訊息而讀，這可以帶來另一個好處，你會更加關注並有意識的記憶你要學習的內容。為此，你要從所學內容裡挑出重要觀點並不困難。

利用「閱讀圖解」獲取所需資訊

很多人之所以在不知不覺間浪費大量閱讀時間，是因為他們不知道一個簡單的祕密，即絕大多數非虛構的雜誌、文章、報告和書籍是按一種普遍的結構或模式編寫而成的。

就像地圖一樣，如果你能根據一張「閱讀圖解」來閱讀，你就能更快到達目的地，你會知道該在何處停留，哪裡有捷徑，如何避免陷入死胡同，你還會度過一段愉快的閱讀時光。「閱讀圖解」能幫你更快的找到你所需要的訊息。

閱讀圖解以一個簡單的前提為基礎，即絕大多數非虛構文章是按一種眾所周知的、典型的模式組織成文的：

1. 一個主題（中心論點）
2. 論據

3. 若干次級主題（分論點）
4. 論據
5. 若干第三級主題
6. 論據

段落、篇章，甚至全書都按這一模式組織，每一段、每一篇或每本書都只詳細闡述一個主要觀點。開頭基本都是陳述論點，中間部分提供各種論據，結尾部分對主要論點進行總結或闡述其重要意義。

如果是一本書或一份詳盡的報告，其中可能有大量分論點，在每個主題或論點下面，通常有一些資料對它加以說明、解釋或驗證，論據可能是任何東西，從事實、數據到判斷、個案分析、實例、描述、定義，甚至照片、圖畫、表格以及各種統計圖表等等。

運用略讀技巧

這部分將介紹如何更加發揮閱讀圖解的作用。現在你已知道自己透過閱讀要了解些什麼，你還將學會四種很有效的工具，透過它們，你可以確定出版物或摘要中有哪些訊息是你所不需要的，從而可以跳過這些訊息。有關閱讀的研究發現了一個驚人的統計結果：閱讀資料中有20%至50%的內容屬於無意義的過渡成分。過渡成分主要是一些連繫或說明作用的短句、段落，甚至篇章，這些成分對掌握正確寫作技巧及幫助讀者放慢速度以抓住文章要點是必要的。過渡成分主要有以下作用：

1. 顯示觀點之間的連繫。
2. 表示主題的轉換。
3. 進一步說明已論述過的觀點。
4. 標注作者所參考的雜誌或書籍。
5. 向疏忽大意的讀者重複已說過的內容。

過渡成分的任務不能傳達有價值的觀點或訊息，一旦離開文章的其他成分，就會變得空洞無物，如果去掉閱讀資料的所有過渡成分，其重要觀點和訊息照樣會很清楚。

現在，你可以學會如何在快速辨識這些過渡成分，並跳過它們去瀏覽文章的其餘部分，但是，如果有閱讀圖解的幫助，再加上一些小竅門，你就能讀得更快更準確。你會發現自己在一、兩分鐘內便能吸收數頁訊息。下面五個訣竅能幫助你快速瀏覽各種長度的資料，包括文章、報告、書籍等，並迅速抓取各種要點。

一、不要陷於細節之中

你需要的不是細節，而是要點。人們之所以寫作，多半是為了傳達某種**觀點**，細節的作用是對觀點進行闡釋。通常你閱讀的目的是為了找出某些要點，你需要的就是這些，至於這些要點由哪些細節推導而來，與你沒什麼關係。

二、跳過你不需要了解的部分

有時你的確需要知道細節，但你不必知道所有細節，你只需知道與某個主題有關的細節就行了。一份文件裡有很多資料，有時大多數資料都與你感興趣的主題沒什麼連繫，只有一小部分直接與你關心的部份有關。無論無關的部分占三分之二，還是占十分之一，你都要跳過它們。相反，把注意力集中在發現和閱讀有關的部分上，而你節省下來的時間屬於你自己的。

例如，大多數報告、分析、信件、摘要、書籍、報紙雜誌、網路文章都是以幾行字或幾段話開始的，它們概括了文章的基本主題和主要內容。快速瀏覽一下每個**開頭**，會讓你知道是否有你感興趣的資料，或者在哪一部分可以找到你感興趣的資料，如果這部分沒有你感興趣的東西，繼續讀下個部分。

三、只閱讀作者為你指出的關鍵要點

現在，你已不需要自己去尋找文章的關鍵要點了，書籍、雜誌、網路文章、報告等各種閱讀資料的作者，已經為你指明了哪些要點比較重要，從哪部分開始轉入另一個話題。

幾乎所有出版物都會用大而明顯的字體做大小標題，以提醒讀者接下來討論的可能是一個新主題，通常，這些標題對隨後的要點進行了高度概括。

此外，作者還常透過一些排版技術來突顯一些重點內容，如斜體字、粗體字、下標線、編號、統計圖表以及字型變化等。

在多數情況下，把注意力集中於你需要的內容與整頁閱讀一樣簡單，你照樣可以非常迅速的抓住資料的主要觀點。

四、抓主題句

當你根據排版特點找到自己感興趣的內容，或者依據標題仍無法判斷哪兒是重點時，你可以找找主題句。一般來說，寫得好的段落會有一個概括本段主要內容的主題句，主題句通常出現在段落開頭，能使你更容易弄清你對哪些段落感興趣。只需一點點練習，你便能一眼便抓住主題句。

五、留意標識主題變換的信號

你甚至不必讀完所有的主題句，只需用眼睛掃視每一頁的邊界，你就能發現什麼地方出現主題的變換。

有一些「信號」詞，它們會告訴你下面將開始一個新觀點，或要出現一些重要的論據。通常，這些詞在段落開頭出現，所以你很容易在段落開頭發現它們。這些信號詞包括「但是」、「然而」、「另一方面」、「總是」、「儘管」、「當……時候」、「如果」、「總之」、「實質上」等等。一旦你發現其中某個單字，請多看兩眼，也許它引出的正是你感興趣的主題。

03

評價你所閱讀的內容

透過便捷式閱讀和瞬時閱讀，你的閱讀能力已大為提高，現在你可以更進一步，迅速將有價值的書面訊息與無價值的訊息分開，使你的腦力再提高一倍。僅僅是把迎面而來的書面訊息都讀完還遠遠不夠，這一步驟能使你的閱讀從量的累積，飛躍為質的累積。

一九八〇年代後期，J・露絲繼承了一百五十萬美元的遺產，對如何利用這筆錢來進行投資，她舉棋不定。一家小型軟體公司的老闆來找她，該公司曾經開發出一套非常暢銷的DOS版財務軟體，但目前遇到些財務危機，他們正在尋找一位有錢的合作者以幫助公司渡過難關。這位老闆告訴露絲，公司本身的經營狀況很好，目前之所以出現危機，是由於一家經銷商最近宣布破產，而該經銷商欠公司近一百萬美元。

露絲並沒有輕信老闆的介紹，她自己進行了調查。該公司總經理提供她公司上一年的年度報告，露絲逐字逐句的閱讀這份報告。整個報告充滿了令人欣喜的數據，顯示公司已經取得的成功以及未來的美好前景。報告還指出，軟體和早餐麥片一樣，一旦某種品牌獲得成功，人們喜歡上它，就會一直不斷選購這種品牌的產品，報告中的銷售數據證實了這一說法。為證明產品的質量，公司總經理向露絲指出，幾個著名的軟體設計者表示，他們堅信該公司在未來幾年內，會把其他 DOS 版本的財務軟體遠遠的拋在後面。露絲被說服了，她把自己繼承的全部遺產都投資進去。最終，她失去了這筆遺產！不到十八個月的時間，那些軟體設計者便發現自己錯了。DOS 版軟體被比爾．蓋茲的視窗系統擠出了市場。

問題究竟出在哪裡？露絲閱讀了所有相關資料，不是嗎？問題不在於她讀了多少，而在於她讀的是什麼。她漏掉了閱讀的最後一步，也是最重要的一步，她沒有以挑剔的眼光去閱讀，她忘了**對所讀的東西進行質疑或評價**。她還犯了另外一些錯誤，例如，不審視訊息的來源（公司需要她的投資，當然會盡可能描繪最好的前景）、相信片面之詞（在公司未來發展前景的報告裡沒有提及任何有關視窗系統的訊息）、相信經由類比推理得來的結論（早餐麥片不可能在一夜之間被新技術所取代）、依賴已過時的資料（上一年的報告），以及被那些並非真正權威的人們所影響（軟體設計者的確了解產品的質量，但不知道消費心理學家們用什麼辦法使視窗系統獨領風騷）。

不加評判地吸收成堆訊息，這對閱讀而言是遠遠不夠的。在我們接觸的大量事實、數據和觀點中，有許多是虛假的。每一天我們都要面對許多缺乏事實根據、與事實不符，或帶有偏見的訊息。身處這樣一個前所未有的訊息爆炸社會，你只有隨時了解各種新訊息才有可能取得成功。如果你掌握的訊息有誤並以之採取行動，你可能會遭遇災難性的後果。無論你做什麼，無論你處於社會的哪個層次，情況都是這樣。從生意到職業再到個人生活，要想作出正確抉擇，就必須掌握事實，而且是正確的事實。

斯科特．威特是一名成功的企業家，撰寫過有關商業成功與個人成功的書籍，他認為在下列情況下往往會出現虛假訊息：

1. 由與事件有利害衝突的人所提供的事實。
2. 由在某專業領域缺乏訓練或缺少經驗的人透過觀察得出的結論。
3. 倉促完成、可能出現打字錯誤或數據錯誤的資料。
4. 片面、未深入主題的報告。
5. 先入為主、一開始就不正確的觀點。
6. 過時的訊息。

訊息時代有一個基本原則是，你絕不能毫不挑剔的接受所有訊息，否則你會遭遇災難性的後果。在採取任何行動之前，你都要確保你所吸收的訊息是即時而準確的，否則，這些訊息不但沒用，而且可能有害。**把有價值和沒價值的訊息彼此分離**，這是重要的一步，正是這一步決定一個人是成為傑出的學習者還是成為訊息的掌握者，而且，這一步並不困難。

目前已證實有幾種方法，能幫助你一看到訊息就探明它的真假。在多數情形下，你可以非常迅速的判斷哪些資料有價值。總之，面對生活中蜂擁而至的大量訊息，你不但能從數量上占有它們，而且能保證它們的質量。

探明訊息虛實的七種可靠方法

在多數情況下，對所見所聞及所讀訊息的正確性作出判斷不需要多長時間，也不會很困難。你不必查閱研究文獻，也不必到處尋求建議，你一眼就能說出它好還是不好。以後，當你遇到新觀點或新資料時，對自己提出下列問題，它們能幫你毫不費力的立即找出90%的劣質訊息。

一、有沒有含糊不清的定義或術語？

真實的訊息總是透過準確的詞句和數據來表達，看看有沒有一些含糊不清的詞句，使人們可以從不同角度對它們作出各種解釋。

二、訊息來源於哪裡？

有時演講者或作者所引用的訊息出自於不恰當甚至是完全錯誤的來源，在未弄清楚來源時，請不要輕易相信這些訊息。如果訊息來源不清，或根本沒有依據，你應該完全抵制或拒絕這些訊息。

三、是否有一些過度概括的表述？

不要相信片面之詞以及建立在它基礎上的觀點和見解，有關團體或個人的絕對化論斷幾乎都不可信，生活是多樣化的，沒有多少放諸四海皆準的真理。

四、結論是不是透過類比推理得出的？

眾所周知，類比是不可靠的。所謂類比，是用那些與某種事物有相似之處的其他事物來對它作出解釋。它假設兩種事物之間存在某些連繫，因此它們可能在各個方面都很相像。然而，既然是不同的兩個事物，它們就不可能完全相像，它們肯定會在某些方面表現出明顯差別。

五、它介紹的是現時狀況嗎？

事物總在不斷變化，現代社會的技術和觀點日新月異，不是有關現時狀況的事實或數據很可能就是錯誤的，訊息越陳舊就越沒用。

六、它是第一手資料還是第二手資料？

最好的訊息應該是第一手資料，它們來自於那些非常清楚自己在說什麼的人。至於透過閒聊獲得的訊息，在傳給你之前經過的人越多，出錯的可能性就越大。報紙雜誌常常從專家著作或專家訪談中引用事實，那些依據報紙雜誌所寫的文章，歪曲事實的可能性又增加了一步。任何人在引用第二手、第三手，甚至第四手資料時，歪曲事實的可能性在不斷增大，歪曲事實的程度也越來越嚴重。

七、它只是一種觀點還是有證據支持？

網路時代的一個弊端是，我們不斷受到個人觀點的轟炸，並錯把這些觀點當作事實。如果作者或演講者提不出相應的數字、調查、來源或實際案例，那不過就是個人的想法而已。我們也可以提出相應未經證明的另一種假設。在沒有確切的證據加以支持的情況下，任何人的觀點和其他人都沒有差別。有時觀點能啟發人們思考，但絕不要把觀點錯當成事實。

識別「玩弄訊息的小伎倆」

當你發現某些東西值得注意、記憶或思考時，透過前面提及的七個問題，你能對內容95%的真實性作出判斷。但是，某些作家或演講者很善於對事實進行加工或隱藏某些重要訊息，透過具有感情色彩的語句，誤導你的結論。你可以揭開他們欺騙、誤導和利用你的祕密。一旦你了解這些祕密，你就能輕易指出他們是在用什麼伎倆伎倆玩弄訊息了。

一、識別「經過選擇」的證據

玩弄訊息的一種伎倆是只呈現能支持作者觀點的資料，作者可能故意省略那些與自己觀點相背的事實。例如，如果有人想讓你了解他們主辦的管理培訓班是多麼有成效，他們會怎麼做？他們發給你一本小冊子，裡面寫滿了成功人士的故事，所有人都是因為把管理培訓班講授的方法付諸實踐才獲得巨大成功。看上去這個培訓班很有意義，然而，在成千上萬的人群裡，手冊裡提到的人物畢竟屈指可數，其他更多的人可能會有完全相反的體驗。而且，小冊子裡的人物很可能是因為有天賦才取得成功的；儘管他們參加過培訓班，但他們的成功可能與此無關。

二、識別「轉移注意」的話題

玩弄訊息的另一種伎倆是分散你的注意力，使你無法發現對方論斷的漏洞，或使你沒機會就對方結論裡的邏輯問題提出疑問。最常見的例子是，當聽眾提出令人尷尬的問題時，演講者必定會轉移話題，因為他不敢對此作出回答。例如，「我們都知道，公司今年的收入還應該更多些。但說到管理不善，這個提法太尖銳了。畢竟，其他許多商家收入也在減少。正如大家知道的，經濟前景……」，這正是轉移注意力的伎倆。

三、識別「誹謗」的伎倆

在事情發展不順利時，人們可能變得粗魯，當他們不能證明自己的觀點，或當競爭對手提出更好的見解時，他們會忘掉正在討論的問題，轉而中傷他人。一個推銷員正在為一位很重要的客戶作商品展示時，他的一位競爭對手過來問他一個問題，但他把問題擱置一旁，指責對方是出於唯利是圖的動機才提此問題。也許那位競爭對手的提問的確有不可告人的目的，但他的觀點也許沒有錯。

四、識別「帶情緒色彩」的論斷

有的人非常善於煽動我們的情緒，謀取我們的支持，或鼓動我們反對別人。語言不僅能傳達事實，而且能傳達情感。為了使你停止挑剔，以免你發現他們意見裡的漏洞，有的人會以具煽動性的言詞到處散布他們的觀點。人們聽說「悲觀失望的情緒在整個公司蔓延」時，一定會感到非常不安。但事實真是這樣？還是有人為掩蓋自己的失職而指責他人？

五、識別「假借權威」的意見

有些人喜歡借用名人或專家的名義迷惑你。他們可能說「哈佛大學的施米茲教授也持同樣觀點」。然而，講授市場學的教授並不一定知道市場在現實生活中如何發揮作用，而且專家有時也會犯錯誤。更重要的是，人們有時會選錯權威，甚至完全曲解權威的本意。

六、識別基於「訛傳」而來的錯誤結論

運用上述伎倆最終得到的結果就是基於訛傳而來的錯誤結論。所有這些伎倆都出於這樣的目的，即用歪曲事實的言詞或假借權威的名義來煽動你的情緒，轉移你的注意力，使你無法發現對方的弱點，這都是商業廣告和政治宣傳普遍採用的策略。前面提到過的那家軟體公司故意用一些錯誤的證據勾畫出一幅與事實不相符合的發展藍圖，使它在露絲眼裡成為頗具吸引力的投資對象。

一旦懷疑，就立即核對！

沒有任何訊息來源是無懈可擊的。據報紙披露，幾年前，一位商人差點根據《美國統計年鑑》的數據作出一項要命的決定。《美國統計年鑑》是一本非常重要的工具書，包括許多重要的人口學統計資料，許多商業及政府部門根據其中統計數據進行決策，它由美國政府印刷辦公室出版發行。純粹是運氣，那位商人發現，有關某種塑料製品產量數據的小數點位置有錯誤。據新聞媒體報導，進一步的研究發現，這本重要的統計年鑒裡還有幾百處大大小小的錯誤。

當然，你不必等著運氣來救你，因為你已經掌握了探明劣質訊息的方法，你可以分辨真實的訊息和虛假的訊息。如果訊息非常關鍵，比如說與生意決定有關，請一定要再三核對，你可以上網仔細查詢、去圖書館，或請教朋友和專家。

網路時代向我們提出了新的要求，同時也提供了更多的機會。目前，你已知道該如何面對生活中蜂擁而至的大量訊息，你可以自由運用那些曾令你惴惴不安而又無從下手的訊息渠道，如網路、手機、電視等等。在這些訊息渠道裡，訊息是雙向流動的——從媒體流向你，或從你流向媒體。好好利用這些訊息渠道，它們能在你需要的時候準確而完整的把你想要的訊息傳送給你。

PART 6

不敗的成功記憶法

01

機械記憶法與理解記憶法

機械記憶是逐字逐句的記憶，理解記憶是以理解和系統化為基礎的記憶。兩種記憶方法的恰當結合，即將熟讀與精思結合起來，能大大提高記憶效果。

機械記憶法

依據事物的外部連繫，不要求理解意義，不重視連繫過去的知識經驗，僅採取簡單重複的機械方式進行記憶，這種記憶的方式稱為「機械記憶法」。機械記憶法常用於沒有意義的資料，如歷史年代、電話號碼、外語單字、化學元素符號等。

由於機械記憶不理解事物的意義，不與已有知識連繫，以致新知識難於納入個人的認知結構，不易消化為個人的知識成分，所以記憶效果差，費時多，效率低，遺忘快。因為機械記憶法簡單，一些不愛動腦子思考的人喜歡用這種方法，不僅對沒有意義的資料用它記，而且在學習有著豐富涵義的資料時，也用機械記憶法去死記硬背。有許多人一味用機械記憶法，時間久了，養成一種不愛思考，不動腦筋的不良學習習慣。如不改變這種低水平的學習方式，任其發展，以後遇到複雜多樣的學習內容便難以接受，不能適應，以致學習困難，甚至被淘汰。有些學生在低年級時會背，所以成績好，可是到了高年級還這樣做，就不行了。學習越來越困難，成績越來越差，其原因就在於一味死記硬背，不擅思考。總愛死記硬背的人，頭腦變懶了，思路變窄了，思維僵化了，智力發展受到阻礙。

但是我們也不能完全否定機械記憶法的作用，機械記憶法簡單易行，對於沒有意義的數字、人名、地名、年代、化學符號、外語單字等，仍需要用機械法去記。少年兒童知識經驗較少，理解水平不高，在學習各科課程時需要藉助機械記憶法去強記許多內容，以豐富個人知識。在理解的基礎上，進行適當、適度的機械記憶，能夠促進學習效果的提高。所以機械記憶也是念書、工作、生活中不可缺少的一種方法。

中國著名文學家臧克家在《重讀岳陽樓記》一文中說到：「我十一、二歲，未入初小之前，就在塾師和家長指導之下，熟讀唐宋八大家的文章六十多篇，都能成誦。當時雖不能完全理解它的涵義，但暮年回憶起來，記憶猶新，得益極大，對於我個人散文寫作，也發揮了相當重要的影響和作用。」這說明中小學時代經常把一些經典的資料熟讀成誦是有益的。

但是如果濫用背誦和機械記憶也不利於學生的心理發展。原蘇聯教育心理學家贊科夫指出，語文教師要求背課文，數學教師要求背口訣、公式，歷史教師要求背歷史年代和地點。大家都要求記憶和背誦，學生哪還有思考的餘地？所以贊科夫強調：「應當把必須背誦的和不需要背誦的東西分開，盡量減少機械記憶。有些教材，背誦反而妨礙學生對它的理解，不利於學生的心理發展。」我們應該恰當的運用機械記憶法。

請記住：在對記憶資料理解的基礎上進行機械記憶，可取得較好的記憶效果。一味用機械記憶，即死記硬背，不僅降低學習效果，而且還使人思維僵化，智力活動受限制。機械記憶的基本條件是多次重複或複習。

理解記憶法

理解記憶法也稱為意義記憶法，就是藉助積極的思維活動、弄懂事物的意義、把握事物的結構層次、理解事物本質特徵和內部連繫進行的記憶活動方式。理解記憶法的基本條件就是對記憶資料的理解和積極的思維加工，可見它是建立在更高智力水平上的記憶。

理解記憶法的基本特徵如下：

1. 與積極的思維活動相結合，透過分析、綜合、比較、歸類和系統化等思維活動，把握記憶資料的涵義、範圍和結構層次，掌握其本質與非本質特徵以及事物間的連繫，加強對事物意義的理解和整體結構的把握。在記憶各種資料時，還可以透過思維活動，從不同的角度和層次去理解資料的意義，以增加多種連繫和多角度思考，使記憶資料意義更加深刻，進而納入認知結構系統，形成長時記憶。

2. 運用已有知識經驗，進行新舊知識的連繫與對比，找出相同與相異之處，使新資料融入已有知識體系，或豐富、擴展已有知識體系。學習新知識時，與已有知識做良好連繫，是理解記憶法的重要一環，個人已有知識經驗越豐富，結構越正確，越有助於理解記憶力的提高。

3. 靈活運用各種記憶策略和方法，針對記憶資料的不同性質、數量和範圍大小，以及不同學習情境和個人情況，分別採取恰當的策略和方法，能加深理解、增強記憶。

4. 複述，用自己的言語去解釋或複述新知識，能增強理解，有助於記憶，也能顯示目前的理解水平。

我們從理解記憶的四個特徵情況來衡量其運用水平，如果這幾個方面做得好，就可以全面、精確、牢固、迅速的提高記憶效果。

有人做了這樣一個實驗：要記住六個無意義連繫的字，只需唸一遍，但要記住三十六個無意義連繫的字，則需要重讀五十五遍。就是說，當記憶此類的資料增加六倍時，重讀的次數增加了五十五倍。理解記憶則不然，當我們讀有意義連繫的詩歌，資料由一倍增加到六倍時，學習的次數只由二次增加到十五次。可見理解記憶效果較好。

大量的研究證明，理解記憶法效果優於機械記憶法。理解記憶與機械記憶相比，效果能提高幾倍、十幾倍、幾十倍。心理學實驗也顯示，理解記憶的效果要比機械記憶的效果高大約二十五倍。

理解記憶法是人們記憶活動的主要的基本方法。我們牢固掌握的知識，可以說絕大部分 都是透過理解記憶獲得的。

贊科夫說得好：「紮實的掌握知識，與其說是靠多次的重複，不如說是靠理解，靠內部的誘因，靠學生的情緒狀態而達到的。」

請記住：理解記憶法是建立於高智力水平上的記憶方法，它與積極思維緊密結合，與已有知識體系相連繫，綜合採用複述、組織、比較等多種記憶策略和方法，達到理解水平，使新知識納入認知結構，可牢固持久的儲存於記憶中。因此，理解是記憶成功的必經之路。

綜合運用機械記憶法與理解記憶法

由以上敘述，我們不難看到，理解記憶法是記憶活動的基礎，理解記憶的效果遠比機械記憶好，然而在許多記憶活動中也不可能沒有機械記憶，機械記憶是理解記憶的輔助手段。例如，我們記憶一段課文，先把課文分析理解透徹，然後再逐字逐句逐段的熟讀背誦，這樣的記憶效果較好。又如，在理解數理化的公式、定理和規律等之後，為了牢固的保持它們，還必須藉助機械記憶去進行逐字逐句的背誦，如不加以熟記，這些公式仍然不能記牢。

另一方面，在進行機械記憶時，如果把沒有意義連繫的資料，想辦法賦予意義，加以理解，再進行機械記憶，會收到意想不到的效果。例如，一六四四是清軍入關的一年，如果我們人為的給與意義，把它說成「一陸獅子（1644），張牙舞爪的清軍，進了山海關」，這樣就記得格外牢固，而且易於回憶。可見，理解記憶法與機械記憶法綜合使用會有較大效果。

從個體心理發展的角度看，機械記憶和理解記憶在學習中的相互關係是隨年齡的增長而發生變化的。有人對小學一年級到高中二年級的學生進行實驗，內容為機械記憶和理解記憶的比較。在機械記憶方面，小學一年級學生記得72%；初中二年級學生記得55%，高中二年級學生記得17%；在理解記憶方面，小學一年級學生記得28%，初中二年級學生記得45%，高中二年級學生記得83%。實驗證明，在中小學範圍內，年齡越小，機械記憶的效果越好，理解記憶的效果越差；隨著年齡增長，機械記憶的效果逐漸減小，而理解記憶的效果逐漸增強；最後發展到年齡越大，機械記憶的效果越差，理解記憶的效果越好。

從實驗結果可以看出，隨年齡增高，機械記憶的主導地位逐漸被理解記憶所代替。可是有些學生，可能由於知識貧乏，懶於思考，養成死記硬背的不良習慣，因而沒有完成這種由低智力水平向高智力水平的轉化，因此他就可能無法適應越來越深奧的學習資料，越學越吃力，成績每況愈下。所以這些學生應盡快完成轉化，使理解記憶法成為主導的學習方法，其被動局面會很快改變。

對許多知識除了要下決心和苦功去記憶背誦，還要積極思維，深思冥想，努力理解。一定要在充分理解的基礎上去記，**記的時候要有意識**、**有目的**、**下功夫熟記和背誦**。在背誦時也要思考、體驗知識的情境，如此熟記也能促進理解，而不至於變成死記硬背。

請記住：理解記憶為主，機械記憶為輔，把兩者結合起來運用，深刻理解和熟記熟背相結合，發揮兩種方法的長處，可以大幅度提高記憶效果，並促進智力的發展。

記憶技巧的訓練

由理解記憶法與機械記憶法衍生出一些具體記憶方法和技巧，掌握這些方法技巧，並加以運用和練習，能夠增強自身的記憶力。下面我們介紹幾種與理解記憶有關的記憶技巧，如果能掌握做法，經常練習，反覆訓練，必定能大大增強你的記憶力。

一、常做「記憶力體操」

所謂「記憶力體操」就是用不同的方法鍛鍊自己的記憶能力，就像為了使身體健壯，常作運動一樣，許多名人、有成就者都有適合自己的記憶力體操。

馬克思經常做記憶力體操，所以他擁有驚人的記憶力。他鍛鍊自己記憶力的方法是背誦詩歌。他從少年時代開始，就堅持用一種自己不太熟悉的外語去背誦詩歌，長期堅持下來，他能用十多國的語言背誦許多名詩，對記憶力大有幫助。

俄國文學家托爾斯泰鍛鍊記憶力的方法是，每天早上都要強記一些單字或其它內容的知識，始終保持記憶力的靈活敏銳，他說：「背誦是記憶力的體操。」

增強記憶力的科學方法和途徑就是「理解」和「記憶」，具體做法則可以把理解記憶和機械記憶結合起來加以綜合利用。許多老師就很重視並運用這種方法，堅持學生做記憶力體操，以提高他們的記憶能力。另外還要特別注意，要盡量讓學生熟讀熟背一些有意義的內容、經典、佳作名著等，在理解的基礎上去背，訓練效果較好。假若一味的背誦一些無意義的資料，那將有害無益。

請記住：經常做「記憶力體操」，抓住理解和記憶這兩個核心概念。

二、循序漸進記憶法

學習必須循序漸進，打好基礎。任何一門學科，初級的知識和方法如果掌握不好，進階的內容就難以學習和掌握。心理學家認為，新知識的學習受已有知識經驗的有力制約，這一原則是數世紀來教育理論與實踐的基本原理。因此，在安排學習時就應該循序漸進，由淺入深，由少到多，一步一腳印，逐漸積累才能收到較好的記憶效果。

宋代大學問家朱熹把學習方法總結為：「讀書之法，在循序而漸進，熟讀而精思。」可以說「循序而漸進，熟讀而精思」是治學方法的基本原則。

三、變換順序記憶法

資料本身有一定的順序，複習時拋棄原先資料記憶的順序，自由安排記憶資料的位置，這也是複習的一個好方法。例如，歷史本來是按時間或朝代的先後順序發展，複習時打破順序，重新組合一定的位置，這樣會促使思考，防止思維固定，有益於強化記憶。這種學習方法適於有多種變換方式的考試。

四、比較記憶法

比較是一種思維方法，確定客觀事物彼此之間的相同點和不同點。透過比較，能使人們精確認識事物的固有特點，也能認識同類事物的共同特點。實驗證明，精確認識各種事物的相同點和不同點，可以提高學習效率和提高記憶效果。

記憶活動中的比較，可以同中求異，即在同類事物、在共同點或相似點的基礎上，盡量找出其不同點；也可以異中求同，即在不同事物或在不同點的基礎上，盡量找出其相同點、相似點、共同特徵或一般規律。

記憶活動從時間順序上又可以用兩種方式去做：一是「同時對比」，就是把要比較的幾個事物在同一時間內共同出現，直接在感知過程中進行比較；二是「前後對照」，就是把正在感知的客觀事物，和另一客觀事物來進行比較。

請記住：就如俗語所說，不怕不識貨，就怕貨比貨。

五、特徵記憶法

特徵記憶法是抓住識記資料的特徵來加深記憶的方法。客觀事物之間或所學知識之間，有許多相似之處，因此容易使識記發生混淆，如果在識記事物時，善於發現或抓住事物的特徵、特點，即事物特有的個性加以識記，就會在頭腦中留下鮮明的印象，容易辨別事物之間的區別，因此也能產生較好的記憶效果。

六、歸類記憶法

在記憶活動中，善於將所學知識進行分析、綜合、比較和整理，根據事物的本質和非本質特徵加以分類，構成系統，這就是歸類記憶法，它是與思維連繫密切的一種記憶方法。所學知識經過比較和歸類後，就會更趨於條理化、系統化和概括化，易於建構整體知識結構，因而也就容易儲存在頭腦中，同時也便於提取出來使用，所以歸類法是記憶活動和學習活動中富有成效的方法，比較法和歸類法關係密切，兩者聯合使用效果更好。

七、網脈記憶法

網脈記憶法就是編織知識之網，網的特點就是有綱有目，綱目分明，雖然千絲萬縷，但卻井然有序，能夠綱舉目張。人們學習知識，要記憶的事物非常多，而且千頭萬緒，也像編織網一樣，抓住主要的帶動次要的，並且使各部分保持連繫，形成知識體系和整體結構。學生複習課程的主要任務就是使知識融會貫通，編織知識之網，形成系統化的知識，建構整體認知結構。

運用網脈記憶法進行記憶時要注意幾點：

- 分清主次，抓綱帶目，綱舉目張。
- 抓住事物間的連繫，使知識條理化，層次分明。
- 編擬提綱，幫助記憶。

理解記憶法及其衍生出來的循序漸進法、比較記憶法、歸類記憶法、特徵記憶法和網脈記憶法等有兩個共同特點，即是對知識的理解和系統化。理解在記憶活動中具重要作用，理解是記憶的基礎，理解與否可以轉化兩種記憶的性質，理解能促進記憶由低水平向高水平發展，亦可以決定兩種記憶的效果。

記憶系統化是理解記憶的另一特點，所謂記憶系統化就是與思維活動緊密結合，透過思維加工，對要記的知識或各種事物進行分析綜合，歸類整理，在理解的基礎上形成系統化和整體認知結構。系統化記憶既適合於理解記憶，也適合於機械記憶。如對沒有意義和內在連繫的事物，人為賦予的意義和主觀的連繫在一起，使之系統化，也能提高記憶效果。

總之，理解記憶的基礎是理解和系統化，將理解意義的記憶與機械記憶結合，經常做大腦記憶體操，能大大提高記憶效果。

02 無意記憶法與有意記憶法

根據記憶的自覺性、目的性，記憶可區分為無意記憶和有意記憶，在此基礎上形成無意記憶法與有意記憶法。無意記憶是將有趣的內容自然而然記住的方法；有意記憶是有目的、有計劃去完成記憶任務。

無意記憶法

無意識記是指事先沒有預定目的、沒有經過特殊努力的識記。在日常生活和學習活動中，如參加聚會、看電影、聊天、看新聞、滑手機等，並沒有給自己提出明確的識記任務和目的，也沒有付出特殊的意志努力或採取專門的措施來識記這些事物，但它們卻自然而然的記在腦子裡，成為個人知識經驗的組成部分，這就是無意識記，也叫做「隨意識記」，這種記憶方式就是「無意記憶法」。

無意記憶法在人的學習中具有積極的意義，人的許多知識經驗都是透過無意記憶取得的，越是低年級學生，越常依靠無意識記獲得知識。無意記憶的效果與個體對事物的態度、需要、興趣有關，這些心理因素能使無意識記獲得較佳效果。在教學中組織無意識記，並發揮它的作用是有必要的。由於無意識記的不足之處是帶有偶然性和片面性，單靠無意識記不能有效獲得有系統的知識經驗和建構整體知識結構。

請記住：凡是比較突出、鮮明、能引起人們強烈好奇和濃厚興趣的資料，或具有強烈情緒色彩及對人意義重大的事情，都能引起無意記憶，而且只要經歷一次，就能自然而然銘記在心，持久不忘。為此，有人把無意記憶法叫做「自然記憶法」。

有意記憶法

有意記憶法是指事先有預定目的，並經過一定努力，採取一定技巧、措施和步驟的記憶方法，也叫做「不隨意識記」。

有意記憶法的第一個特點是在學習前會給自己擬出記憶任務，如一定要記住多少外語單字、要背誦多少課文、要完成多少數學作業，或要做好考前複習等。第二個特點是對完成特定記憶任務有時間要求，如用多長時間背會多少單字，用多長時間完成多少複習任務等。記憶任務是有時間限制的，是講究記憶效率的。第三個特點是為達到記憶目的，需要與一定的意志努力相結合，以便能克服記憶過程中的困難，戰勝挫折，完成記憶任務。第四個特點是選擇良好的記憶技巧，有效完成記憶任務。

有意識記是一種複雜的智力活動，它要求積極的思維及意志活動的參與。人們掌握系統的知識經驗，學習複雜的課程，主要靠有意識記。實驗證明，在一般情況下，有意識記的效果優於無意識記。在教學實踐中，對學生提出明確的目的任務，使學生按照目的學習，是提高學習效果的有效措施。

請記住：有計劃、有目的、有時間限制、講究方法的記憶效果更好。

無意記憶法與有意記憶法可配合使用

無意記憶法與有意記憶法都是學習活動中常用的基本記憶方法。無意記憶法是來自於對事物好奇、感興趣和認識其重要性而引起的記憶，往往產生表象鮮明、清晰，印象深刻、牢固，而且輕鬆愉快，不易疲勞。但不足之處是由於缺少目的性、計劃性，往往具有片斷性、偶然性，缺乏系統性和完整性等問題。而有意記憶因為有目的、有計劃、講究方法，又能克服困難的記憶活動，所以它的記憶效果好。但由於需要意志努力，所以要付出較大精力，容易疲勞。如果將兩種方法配合使用，就會取長補短，產生較佳的記憶效果。

從心理發展的角度來看，無意記憶和有意記憶在學習中的相互關係，隨著人們年齡的增長，而產生合乎規律的變動。在年齡增長的過程中，無意識記和有意識記都有所發展。在低年齡階段，無意識記的效果優於有意識記；隨著年齡的增長，有意識記的效果則逐漸優於無意識記。大量的實驗證明了這一點，例如，中、小學生對敘述性課文閱讀三遍的無意識記和有意識記的實驗顯示，二年級學生無意識記的成績為28%，有意識記為25%；四年級學生無意識記的成績為52%，有意識記為57%；六年級學生無意識記的成績為53%，有意識記為73%。這一實驗明確的告訴我們，無意識記和有意識記在學習中都是有用的，只有把兩者結合起來，才能使學習收到應有的效果。在學習中一方面要藉助於有意記憶，去記住原理和論述；另一方面要藉助於無意記憶去記住某些資料的細節，二者結合起來就能生動活潑，紮紮實實。

無論是無意記憶還是有意記憶，如果能與積極的思維相結合，達到理解和系統化的程度，就會有好的記憶效果，甚至理解的無意記憶比不理解的有意記憶效果要好得多，所以理解也是運用這兩種方法的基礎。

請記住：這兩種記憶方法配合使用，並與思維理解相結合，既能減輕學生的記憶負擔，又能夠獲得有系統而鞏固的知識，效果倍增。

記憶技巧的訓練

記憶的目標越明確、越具體，記憶的效果就越高，這不僅是一種記憶方法，也是記憶心理中被實驗證明的重要規律。實驗證明，沒有明確的記憶目標，就不可能改變學習者的主動性，即使把一篇文章讀過許多遍，在記憶中仍然可能空空如也。

記憶的效果不僅取決於一般目的，而且取決於具體目的和具體要求。課堂教學過程中，教師和學生對教學目的和具體要求都要明確，並達成共識，這是提高教學效果的必要措施。具體的目的要求還可以分為幾方面：

1. 提出按順序記憶的目的。例如，讓學生看一系列幾何圖形，要求按順序記憶，結果他們能回憶出70％所看到的圖形；沒有提出按順序記憶，只要求盡可能多的記住，結果只能回憶28％的圖形。在教學過程中，盡可能提出按順序記憶的具體要求，就能提高教學效果，學生也應該不斷給自己提出按順序記憶的具體要求。

2. 提出盡可能「精確的」記憶目的。有沒有這種要求，記憶效果差別很大。例如，請學生記憶課文，要求第一組盡可能精確記住課文的字句，要求第二組竭力記住故事內容。實驗結果，從再現原文的字句來說，第一組比第二組好，可見提出精確的記憶任務，記憶效果較好。

3. 要求長期記住的資料，比要求短期記住的資料，具有更大的鞏固性和持久性。例如記憶目標確定為記到明天，與要求長期記住比較，效果大不同。因此，在識記資料時，就應下定決心，給自己的腦神經「下命令」，長期記住它！在學習過程中，為了提高記憶的效果，我們應該給自己提出盡可能長期記住的目標，而不是為了臨時考試而記住的短期目標。

4. 提出時間限制，規定單位時間內完成的記憶數量指標。研究指出，沒有時間限制，漫無目的，記憶效果低，有時間限制，有任務要求，能提高記憶效率。

5. 要求講究方法，根據記憶任務要求，選擇良好的方法，也是有意記憶的任務。

6. 要求克服困難，與意志活動相結合來戰勝挫折，這是有意記憶的特點。

這些都是有意記憶衍生出來的具體方法，運用這些具體記憶方法，有助於提高有意記憶的水平。

能大大提高學習效果的綜合記憶模式

綜合記憶模式是將無意記憶法與有意記憶法、機械記憶法與理解記憶法綜合運用的一種學習模式。研究指出，這種記憶模式綜合四種記憶方法之長處，能明顯提高學習效果。

綜合記憶模式的做法分為四個階段：

第一階段：感性認識

如閱讀課文、查生字、了解時代背景與段落意思，達到**初步認識**，又對資料有感性認識。在此階段雖有一定的思考活動，但不強調理解和記憶。

第二階段：理解

此階段的任務是運用理解記憶法，對記憶內容展開積極的思維加工和綜合整理活動，進行一番分析、綜合、比較、歸類、抽象、概括、歸納和系統化的思考加工活動，從而使學生弄懂資料，深入全面理解它們，使之達到系統化並形成整體知識結構，進一步**內化為自己的認知結構**，這是第二階段的主要任務。在理解的過程中，許多內容被自然而然的記住了，這是無意記憶，是思考理解的副產品。

要注意，此階段不要提出記憶任務，不要進行有意記憶，如操之過急的去記憶，勢必分散精力，干擾思考和理解，而沒有理解的內容也難以牢記，達不到記憶之目的。若長久如此，還會養成學生死記硬背的習慣，所以只能在徹底理解以後才能開始第三階段。

請記住：「理解不等於記憶」。

第三階段：記憶

在理解的基礎上，無意記憶又已記住了許多內容，及早複習，只要我們有目的的複述或多讀幾遍，就可以達到熟記或熟背的程度，使資料儲存得鞏固而長久，可說是事半功倍。有些人認為理解了就萬事OK，不再要求記憶，因而缺少記憶這一步。由於沒有進行熟記活動，雖理解了仍達不到鞏固而長久的保存，很快又被遺忘。等到用時又從頭開始，只理解而不記憶，事倍而功半。

第四階段：鞏固和應用

做習題和練習，或連繫實際運用已學知識，做一定數量的習題或解決一些實際問題，這樣不僅加深理解，也有助於增強記憶。只要你在學習中善用這個綜合記憶模式，並經常使用，經常訓練自己，保證你能獲得好成績，學習能力也會大大提高。

學校裡的各門課程，無論是中文、外文，還是數學、理化，要想學好它們，都需要在理解的基礎上熟練的記住，有些重要的內容最好能背誦。特別是數學、理化，它們是由一系列重要理論概念構成的學科，它們各自包含許多重要的定理、公式、法則和數學符號，由此反映事物之間的內在關係，只有弄懂理論，概念清晰，熟悉定理、公式、法則才能有正確的思維基礎，形成推理論證的能力和運算的技能技巧。因此在學習過程中，一定要把定理、公式和法則弄清楚並熟記和熟背。

請記住：綜合記憶模式的過程是，對資料的感性認識→思維活動達到深透理解（運用理解記憶法和無意記憶法）→記憶，達到熟記和熟背程度（用有意記憶法與機械記憶法相結合）→鞏固和應用（操作、做作業和練習，實際運用等）。

03 形象記憶法與抽象記憶法

形象記憶法是以事物的形象或表象為對象的記憶方法。形象或表象記憶使人有直觀、鮮明、穩定的整體感，記憶效果好。抽象記憶法以語詞或文字符號為記憶對象，概括性強、有條理、邏輯性強，兩種方法綜合運用效果更好。

心理學理論認為，在我們的大腦記憶當中，儲存的訊息大體上可以分為形象（表象）訊息和語言訊息兩類，而且形象訊息要比語言文字訊息多得多。據推算，在人們記憶中的語言文字訊息量和形象訊息量的比率為1：1000。依據人腦儲存訊息的不同，我們還可以把記憶劃分為形象記憶與語詞邏輯記憶（又叫抽象記憶）兩種。將記憶兩種訊息的不同方式稱為形象記憶法與抽象記憶法，後者也可叫它語詞邏輯記憶法。

形象記憶法

所謂形象記憶，就是以事物形象為內容的記憶。形象記憶以表象的形式存在，所以又稱為「表象記憶」。它保持事物的感性特徵，具有鮮明的直觀形象性特點。形象記憶是直接對客觀事物的形狀、大小、體積、顏色、聲音、氣味、滋味、軟硬、溫冷等具體形象和外貌的記憶。

在形象記憶中占重要地位的是表象。所謂表象是指人們頭腦裡所保持有關於客觀事物的映像。過去經歷過的事物在回憶時，多數是以表象的形式出現，具有兩個基本特徵：一是**形象性**，二是**概括性**。

形象記憶法就是利用事物形象或頭腦中的表象進行記憶的方法。一般來說，形象的顯著特點是具有直觀、鮮明、穩定和有整體感及概括性，它能給人深刻的印象，能夠幫助人進行聯想，觸景生情，引發人的情緒色彩。透過聯想還可能產生跳躍式的想像，這種想像不受空間、時間限制，缺乏邏輯性。所以藉助形象來記憶事物能夠增強記憶的效果。研究顯示，直觀形象的資料比枯燥抽象的資料容易記得多，這也是記憶活動的一條規律。

形象記憶的基本技巧是藉助於鮮明的形象進行豐富的想像和聯想，使之達到增強記憶效果的作用。其實就是，不僅要把具體的記憶資料形象化，而且還要把抽象、難記的資料形象化，以增強記憶效果。例如，要記憶雞、鴨、牛、羊、房子等具體名詞時，如果在腦中僅出現這些名詞的文字，記憶印象不如出現這些具體事物的形象容易記住。又如將人名與人的外貌特徵結合起來比較容易記，這就說明具體名詞形象化記憶效果好。而那些抽象名詞，如愛國、科學、幸福等，沒有直接形象，要使之形象化，就要靠想像聯想，人為的賦予某些形象。如將愛國與愛國的英雄人物連繫起來記：岳飛是個精忠報國的英雄，一想起岳飛就想起愛國這一抽象名詞。將幸福與幸福的家庭生活連繫起來、科學與家用電器發展連繫起來，也就是將沒有直接形象的抽象名詞，藉助想像或聯想，人為的賦予它們形象，使之形象化就好記了，這些都是形象記憶法的基本要求和做法。

在形象記憶法中，還可以分出一些具體方法：

1. 形象比喻，用熟悉的東西比喻記憶的資料，記憶起來生動、直觀，效果好。

2. 形象描寫，把一般資料，特別是對抽象資料加以生動描繪說明，就好記多了。

3. 形象圖解，冗長繁瑣的文字或數字資料不易記憶，但如果對它們加以組織處理，用圖形、圖表、圖畫、脈絡圖、樹狀圖或實物、模型、標本等具有空間形狀特點的圖表示，使記憶資料由繁到簡，由抽象到具體。

形象記憶法應用廣泛，方法很多，例如漢字是象形文字，在記漢字時就常用形象記憶法。例如「攀」字筆畫多，小學生很難記住，有老師教「攀」字時，就如此說：「一雙大手抓住陡峭山峰上的樹枝和荊棘，使勁往上爬。」這樣一講，相信大部分學生都能記得很牢。

在運用形象記憶法時，應注意以下二點：

首先，平時多觀察各類事物，在頭腦中積累豐富的圖像，為形象記憶打下良好的基礎。其次，在運用圖表模型表達事物時，自己動手製作會加深印象。

抽象記憶法

抽象記憶又稱為「語詞邏輯記憶」，它是用語詞符號的形式，以思想、概念、規律、公式為內容的記憶。在學校學習活動中，大部分是書本知識，間接的知識，很難全都用直接經驗或直觀形象資料加以理解和說明，只能靠語詞的表達和邏輯思想作為記憶的對象和內容，所以抽象記憶是學習活動中不可缺少的重要記憶方法。

抽象記憶法具有概括性、理解性和邏輯性等特點，它是個體保存知識經驗最簡便和最經濟的形式，也是人類特有的記憶。人們對自然、社會和思維的規律性知識，都是透過抽象記憶，即語詞邏輯記憶保存下來的。

抽象記憶與其他基本記憶一樣，都以理解為基礎，脫離理解，單純用抽象記憶，就變成了死記硬背。同樣，如果撇開語詞邏輯記憶，而單純運用意義記憶，那就不易把資料的基本思想和邏輯關係記住。可見抽象記憶與理解記憶兩者既有區別，又有密切連繫。

抽象記憶與人的抽象思維密切連繫。隨著人們抽象思維的發展和培養，頭腦中的語詞符號、數字符號、各種公式、定律、概念等逐漸豐富，抽象記憶的能力越來越強。對他們來說，詞語表述的邏輯思想，容易被記住。正如許多專家很容易記住他們專業上的符號和邏輯意義一樣，因為他們經過長期專門教育和訓練，牢固的掌握了有關符號系統，懂得它們所代表的涵義，並能熟練的運用它們。

有些學生由於知識經驗不足，記憶抽象符號和邏輯意義資料有些困難，而不了解掌握它們的深遠意義，因而對抽象資料、符號系統產生厭倦情緒，這對學習發展和深造的提高都非常不利。

提高抽象記憶效果的方法有四點：

1. 充分認識掌握有關概念、理論的意義，調動學習的內在動力。
2. 具有濃厚的興趣與強烈的慾望。
3. 藉助形象記憶法及其他記憶方法。
4. 勤奮努力，堅持不懈。

許多科學家對所從事專業的理論及大量概念、定律、公式及有關符號理解透徹、記憶準確，與他們對所從事專業的重要性認識充分、興趣濃厚和善於運用記憶方法有密切關係。

請記住：學會運用科學的符號系統，威力無窮。

綜合運用形象記憶法與抽象記憶法

形象記憶法直觀易記，但許多內容，特別是書本知識，大多是間接知識，需要藉助語詞符號去記憶。一般來說，以抽象資料為對象的抽象記憶難保持，不易回憶。在學習活動中，如果把兩種方法結合使用，相互取長補短，效果較佳。在許多記憶技術中，有時強調用形象記憶法，但同時要注意輔之以抽象記憶法；有時強調用抽象記憶法，但也要注意盡量用形象記憶法來配合。將兩種記憶方法配合運用效果更好。這兩種記憶方法配合使用效果之所以好，因為它符合個體心理發展的規律和大腦兩半球機能特點。

從個體心理發展來看，隨著個體年齡的增長，兩種記憶都在發展。實驗研究指出，如果把小學二年級學生運用直觀形象記憶和語詞邏輯記憶的效果指標假定為100，在以後的年齡階段，這兩類記憶的發展水平為：在形象記憶方面，初中一年級學生為134，高中一年級是175，成人為207；在語詞邏輯記憶方面，初中一年級學生為193，高中一年級為252，成人為306。可見，兩種記憶都在發展，而語詞邏輯記憶發展的速度更快。在各種心理活動中，對於無論是直觀記憶資料，還是語詞邏輯記憶資料，都是不可或缺的。學習記憶活動中，能夠有意識的綜合運用兩種記憶方法，不僅能促進記憶的發展，更能獲得促進記憶的效果。

再從大腦兩半球的機能特點來看。一九八一年長期從事腦部研究的美國斯佩里教授獲得了諾貝爾生理醫學獎，這是因為他從大量病例和數以百計精確的科學實驗中發現，大腦兩半球各有其機能優勢，言語功能主要定位在左腦，左腦主要負責言語、閱讀、書寫、數學運算和邏輯推理等；而負責物體的空間關係、情緒、欣賞音樂和藝術等則定位於右腦。換句話說，左腦記憶的資料側重於語言、邏輯推理、數字和符號等，它是以抽象思維和記憶為其優勢；而右腦記憶的資料則側重於事物形象、音樂形象、空間位置等，它是以形象思維和記憶為主。科學實驗研究指出，人類大腦兩個半球各具有相對獨立的機能優勢，在正常情況下，它們透過大腦胼胝體相互連繫、協同活動。

大腦兩半球機能特點的發現，是近年來關於人腦最具重要意義的發現。在教育和教學中如能正確運用這一理論，將使大腦潛能得到開發。有心理學家說：當一半球「加」另一半時，結果將增大五倍、十倍，甚至更多。

大腦兩半球的機能都是重要的，不能說哪個重要哪個不重要，重要的是要保持左右腦兩方機能的均衡發展。有專家指出，大腦兩半球有很多未開發的部分，如果你能知道這兩部分腦的功能，了解它們的奧妙，均衡使用自己的大腦兩半球，那麼一加一將大於二，你的腦力將會大大提高，工作和學習的效率也將大幅度增加。

在記憶活動中，我們應該有意識的將兩種方法結合使用。首先將記憶當作「錄影帶」精心製作，把各種形象清晰的記錄下來。日本品川嘉也教授說：「靠左腦記語言，靠右腦記形象，二者結合起來，作為完整的記憶存放在腦子裡。回想的時候，先引出形象，爾後再用左腦把它變為語言。」品川教授把如何結合兩種記憶方法說得很清楚。例如，一提起阿里山，在腦中先毫不費力的浮現阿里山美麗的景致，然後再想到有關阿里山的語言或文字描述。在記憶其它事物時，也運用形象記憶法，先把記憶的對象變成一張畫或一個圖形，使事物的形象鮮明、清晰的浮現在腦中，然後再用語言、文字符號有條理的表述出來，這樣既容易理解，又容易記。例如學地理時，一邊填地圖一邊記，就容易多了。

請記住：不僅要重視學習中常用的語詞邏輯記憶方法，還應重視形象記憶法，但這種方法常被忽視。因而許多人呼籲，要開發人的右腦潛能，但更加重要的是經常綜合使用兩種方法，發揮大腦兩半球的機能優勢。這是提高記憶效果的好方法，也能促使人平衡發展。一般人的大腦遠比我們想像的更有能耐，潛力無窮，千萬不可小看它。

記憶技巧的訓練

現在我們介紹幾種具體的方法技巧，供大家練習。

一、透過訓練提高個人的模式識別能力

所謂「模式識別能力」就是人們認識某種事物時，將某種形狀作為模型圖案樣本來記憶，找出其中的某些特徵、抓住結構特點形成整體結構，結合腦中原有知識進行記憶的能力。例如在記憶人的面孔時，不是把人臉的所有部位都記，而是抓住面部某

些部位的特徵，將其變成組合模型，進行識別加以記憶，這是右腦的功能特性。在學習和日常生活中，有意識的觀察人、物特徵，並與其整體結構結合成模型進行記憶，能提高模式識別能力。許多人透過訓練，能記住數量驚人的人與物，表現出非凡的記憶力，對工作學習有很大幫助。

在學習中應努力使事物圖表化，圖表不僅是有形的物體，抽象的事物也可以用圖或表來表示。

在日常活動中，我們的行動計劃，也可以變成圖表，這樣做既簡潔又一目瞭然。寫報告、記筆記、系統地複習知識使之脈絡化都可以利用圖形、圖表。圖形化要求統觀全體，使問題簡單化、明確化，使複雜的問題簡單易懂，又便於記憶。

請記住：要提高模式識別能力，就要觀察事物的**特徵**，並將特徵與事物整體結構模型結合起來才容易記憶。

另外在學習生活中盡量用圖形、圖表、流程圖等，使記憶資料圖像化，這種圖像化的過程，就是透過綜合運用形象記憶和抽象記憶以及積極思維的結果。

請記住：千言萬語不及一張圖。

二、聯想記憶法

透過對事物的識記，人對事物之間的關係在頭腦中形成暫時連繫，記憶的過程就是暫時連繫的形成、鞏固和恢復活動的過程。因此，人們在心理活動過程中，就能由一個對象想起另一個對象，這就是「聯想」。例如，到過總統府附近的人，一提到凱達格蘭大道，就會聯想到總統府及其附近的中正紀念堂、台北賓館等建築物。客觀事物不是彼此孤立的，而是處在一定的關係和連繫之中；人在記憶它們時，也總是按照事物的連繫和關係去識記、保持和再現。所以，聯想是記憶活動的基礎，也是記憶的一個重要方法。盡量將識記事物形成聯想，利用聯想對識記對象進行組織、組合，或人為的給予意義和形象，形成知識系統或整體知識結構，是提高記憶效率的有效方法。

客觀事物是有連繫與其內在規律性的，人們聯想事物時，應按照一定的規律去聯想，這就是聯想律。聯想方法有：

- 接近聯想。就事物在空間或時間上接近而建立起來的聯想。例如，到過台北西門町的人，會想起紅樓、中山堂，這是因為它們在空間上接近。在背誦詩歌或文章時，也可以按照這一規律去聯想。例如東晉陶淵明有一首詩：「盛年不重來，一日難再晨。及時當勉勵，歲月不待人。」這四句詩表達的事物，有的在時間上幾乎是同時的，例如「及時」和「當勉勵」；有的在時間上是具有連續性的，如「盛年不重來，一日難再展」等。在學校各門課程中有許多知識，也可以運用接近聯想去記憶。

• 類似聯想。由於事物在現象或本質方面有相似的地方，由其中一件事物想起另一件事物。類似聯想反映事物之間的相似性及共同性。例如由春天想到繁榮，由科學家想到教授。文學上的比喻就是藉助類似聯想，如以風暴比擬革命形勢，以蒼松翠柏形容堅強意志等，用生動的形象反映事物的本質。

• 對比聯想。指由某一事物引起和它具有相反特點的事物的回想。例如，由黑暗想到光明；由經濟衰退想到興旺繁榮等。對比聯想既反映事物的共同性，又反映事物的相對性。它容易使人想到對立面，對於認識和分析事物有重要作用，是常用的有效記憶方法之一。

• 關係聯想。就是由某一事物而想起與它有關聯的另一事物。例如，由部分想到整體，由羊皮想到羊，由羊想到羊群；又如由寒冷想到冰雪，想到北極等。事物間的關係和連繫是多種多樣的，因此聯想也是多種多樣的。其中重要的連繫有因果關係，由此可由原因聯想到結果。在有關教材中，有許多內容具有因果關係，我們可以藉助因果聯想幫助分析記憶。

此外，還有自由聯想，即把前一個事物作為下一個聯想的刺激，不斷的聯想下去。例如，「狗→貓→馬→馬車→輪胎→橡皮→橡皮擦……」，如此聯想下去。在學習中，如果對自由聯想運用得當，也可以在記憶中發揮一定作用。

請記住：任何聯想，都是**新舊知識的連繫**，聯想就是記憶者用已知經驗的鉤子把未知資料鉤住的過程。因此，記憶一旦插上聯想的翅膀，即可向知識的太空翺翔，獲得更多的知識。

三、形象閱讀法——讀書的新技巧

形象閱讀法是由美國心理學家達尼埃爾．拉普在她的著作《記憶增強術》一書中提出的一種記憶技巧。這一方法是由美國史丹福大學（Stanford University）有關實驗組透過研究、應用推廣之後總結提出的，被稱為閱讀的新前景和新方法。

形象閱讀法是在閱讀書籍、文章和詩詞等過程中，利用形象記憶法和形象思維法去閱讀。形象閱讀法要求人們邊閱讀，邊使用想像力和形象化，將書的內容與清晰的形象聯結起來，使書的結構連貫，主題形象鮮明；並透過思考進行歸納、評論，記述感受，讓印象更深刻。

操作原則和方法如下：

- 一邊讀書，一邊想像書中的形象，好像把我們的大腦變為一架攝影機，用來拍攝書中內容所表現出來的一切形象。書本好比是一場戲，其中背景、各類型人物形象、突出的矛盾情節、陰謀策劃、行動計劃及一系列場景都被拍攝到觀眾頭腦中。在閱讀書的內容時，腦中不能只出現詞句，一定要浮現出詞句所表示的清晰形象。例如，當唸到自行車、收音機等詞時，頭腦裡就浮現出自行車或收音機的具體形象，甚至浮現出你常使用的自行車、收音機形象；如果是誇大的形象，則把收音機看成房子那麼大，或把形象與印象深的情景連繫起來，如把自行車與車禍慘景中的自行車連繫起來等等。總之形象要具體、鮮明，具有故事性、趣味性、奇異性，效果更好。在形象閱讀時，要特別注意資料中突出的情景，能引起人們的思想、感情、激情的情節和氣氛。由此引起的形象將為概念注入活力。在形象閱讀中把感知、情感和思考結合起來，記憶效果更佳。
- 注意一系列形象的連續性。弄清一幕幕場景與場景之間的連繫與各段落的意思，並且形成整體結構的形象。如果只注意詞句形象，不注意段落和整體結構形象，則會影響記憶內容的系統性和整體性。從形象出發理解概念和概念的內涵外延，把抽象的概念或理論具體化、形象化。進而弄清概念與概念之間的關係和銜接，形成整體結構形象。

- 對閱讀主題，作者的表現手法，作品的獨到之處，內容要點、層次、精神實質和整體知識結構等進行分析，提出個人看法和評論，寫出綱要，列出圖表。
- 在閱讀和評論中，要在形象化的基礎上理解閱讀的內容，在思考理解的過程中藉助具體形象加深理性認識。在閱讀中，若能將感知、感情和理性認識結合起來，可獲得最大限度的記憶效果。
- 與其他閱讀方法結合起來效果更好，如自問自答，與人討論、重述、朗讀、演講、書寫、回憶、背誦等等。一般來說，多種方法綜合使用能使記憶保存得較為牢固。
- 讀完整個文章後，把記住的內容整體形象寫出來，對照文章重讀並檢查一下，看哪些記住了，哪些沒有記住。在複習過程中，進一步體會運用形象閱讀是否有些像看電影似的愉快。

請記住：這是一個很有效的記憶方法，只要運用它，就能提高學習效率和成績，許多用過的學生都有深刻的體會。

04 復習鞏固法和有意遺忘法

有效的學習活動有兩個重要方面：一是將該記住的知識技能透過複習或練習熟練的記住；二是將消極的思想和情緒遺忘掉，不讓它干擾正常的學習和影響身心健康。這兩方面都有方法技巧可講，此節主要講述複習鞏固和有意遺忘的多種方法。

在學習時，人們都希望將學過的知識、技能和情感體驗等牢固的貯存在大腦中。但是記憶對經驗的保持是一種動態過程，而非一成不變的保留在頭腦裡。隨著時間的推移，記憶內容的質和量都會發生變化，時間間隔越長，變化越大，甚至遺忘。要想保持獲得的知識記憶，就必須進行複習，同時也需要把握重點，對該記的知識做重點複習，對不是重點或不需要的訊息，只要粗略的記憶，或有意識的遺忘，以便集中精力記憶知識的重點和精華，這兩種基本方法都是學習記憶時常用的重要方法。

除了保持記憶也要適時遺忘

「保持」或稱為儲存是把感知過的事物、情感體驗、做過的動作技能、思考過的問題，以一定的形式儲存在頭腦中的過程。保持是記憶過程的中間環節，它不僅把獲取的知識轉化為長時記憶，長期牢固的保存在頭腦中，而且也是回憶、再認或提取的重要保證，可以說沒有保持便沒有記憶。

所謂「遺忘」就是不能再認或重現識記過的事物，訊息提取不出來，或者錯誤的再認或重現。遺忘可分為永久性遺忘，即不經複習，永遠不能再認或重現；暫時性遺忘，如考試時，某題答案突然記不起來，事後才又再想起。遺忘還可以分為自然淘汰性遺忘，即透過感覺記憶和短時記憶將許多訊息篩選掉；有意遺忘就是有意識、有目的的不去複習，或採取某些措施，不去保存某些知識。有意遺忘又叫「隨意遺忘」，它是近年來人們重視的研究內容之一。

保持和遺忘在記憶過程中是矛盾的，而矛盾的雙方在一定條件下可以相互轉化、相互促進，使記憶過程處於不斷發展變化之中。記住的資料由於複習不力、長期不複習，或受了某些因素的干擾，使知識訊息的保持轉化為遺忘，這是許多學生在學習時都深有體會的事實。但是如果進行複述或有效複習，就能不遺忘，也可以將遺忘的知識轉化為牢固保持，這也是學生們都深有體會的。所以保持與遺忘是在一定條件下發生轉化的矛盾兩面，而發生轉化的重要條件是複述、複習等記憶的基本方法和策略。

從另一方面來看，保持和遺忘也是相互促進的，如果一個人不分主次輕重，將一些小事、消極訊息、不愉快的情緒體驗通通都保持在頭腦中，恐怕新的知識訊息、積極而有意義的事物就難以進入腦中，於是大大阻礙了記憶和智力的活動，使人陷入僵化而不能發展。一九六八年蘇聯心理學家魯利亞寫了本《關於非凡記憶》，書中介紹一個不能遺忘的人，這個人接觸過什麼，都可以永遠不忘。但也為他帶來很多苦惱，他非常羨慕遺忘，渴望學會一點遺忘的能力。這種「完全記憶」使諸多得失利害、恩恩怨怨、痛苦悲傷、煩惱憂慮、擔心恐懼等不良形象、不良情緒，還有那些繁瑣事物的細微末節等通通塞在頭腦中，不僅為他帶來許多痛苦和困擾，還抑制了他的抽象思維能力發展。心理學研究顯示，人應該能控制自己，有意識、有計劃的保持訊息，同時也要有意識、有目的的主動採取措施來遺忘一些東西，從而加強記憶的效果，有利於智力活動。由此可見遺忘不完全是一種消極現象，它在記憶過程乃至整個智力活動中還有積極的一面。

請記住：遺忘和保持是在學習過程中的一體兩面，遺忘有利於記憶，不僅要善於記憶，也要善於遺忘，這也是學習成功的竅門。

遺忘的規律

實驗研究證明，遺忘有一定的規律，就是在學習後就出現，最初很快，以後逐漸減慢。著名心理學家艾賓浩斯（Hermann Ebbinghaus）是十九世紀末第一個對遺忘現象作比較有系統研究的研究者。他用無意義音節作為學習材料，用重學時所節省的時間或次數為指標，測量遺忘的進程。結果顯示，在學習資料已背誦時，經過二十分鐘，重新學習可節省58.2%誦讀時間；一小時後，可節省44.2%；八小時後，能節省35.8%；一天後，能節省33.7%；二天後，可節省27.8%；六天後，能節省25.4%。

遺忘的快慢受許多因素制約，並受記憶資料性質、內容和數量範圍的影響較大。

1. 就識記資料性質來說，熟練的動作遺忘得最慢，形象資料也較易長久保持，有意義的資料比無意義的資料遺忘慢，語文資料中，遺忘最多的是原文詞句，事實內容遺忘較少，主要思想則遺忘最少。

2. 就識記資料的內容和範圍來說，資料的數量越大，識記後遺忘也較多。雖然有意義的資料遺忘得慢，但如果把有意義的資料數量增加，其遺忘的曲線就接近無意義資料的遺忘曲線了。

3. 遺忘受學習程度的影響，學習熟練的程度越高，記憶越牢固，遺忘也就越慢。
4. 資料系列的位置對遺忘進程的影響，一般來說，資料系列的首尾比中間部分容易記住，遺忘得慢。
5. 學習方法不同，記憶效果不同，遺忘的速度也不一樣。
6. 識記資料的意義和作用對個體遺忘進程有很大影響，符合個人興趣和需要、對工作和學習有重要意義的記憶資料不容易被遺忘。

請記住：保持和遺忘是有規律和條件的，按照科學規律組織的複習是科學的複習，是有效的複習。

複習的科學方法

按照遺忘規律，學習過的知識會發生遺忘，要想使知識精確牢固的保持在記憶中，必須及時而經常的複習，才能達到鞏固儲存之目的。有句名言說：「複習是記憶之母」。德國哲學家狄慈根（Joseph Dietzgen）說：「重複是學習之母」，都說明複習在學習記憶活動中有著非常重要的意義。

複習不僅能鞏固記憶，而且在複習中透過思考和理解，從而獲得新的認識和體會，這就是「溫故而知新」的意思。有收穫的複習應該是有組織、有計劃和講究方法的，是既深入思考，又積極記憶的複習。不動腦的消極複習，就像小和尚唸經，有口無心，唸幾千遍「南無阿彌陀佛」，也不一定知道是什麼意思。有些學生不動腦筋只知唸書，恐怕也不能溫故知新，反而會覺得乏味，因而厭倦學習。

科學研究指出，科學的複習能導致積極的結果，科學的複習必須是理解性的和有目的性的複習。在複習時，將已有的知識和新的知識結合起來，進行加工整理，建構新的知識系統和結構。彷彿是從另一個角度去領會和研究資料，這樣的複習不僅不會產生厭倦，還會使人發生興趣，給人快樂。孔子有句至理名言，就是「學而時習之，不亦說乎！」

古今中外許多學者和科學家大都是善於複習所學知識的人，所以科學的複習法也是一個人成材成功的重要法寶。

請記住：將複習與理解和目的性結合起來，能取得最佳記憶效果。

科學複習的技巧與訓練

一、有組織、有目標的複習

在學習課程中，複習是重要的，要使學生獲得牢固的知識，不至於遺忘，基本方法就是複習。複習也分為積極有效的複習和消極的重複兩種。實驗研究指出，一次有高度積極性、講究方法的複習可能勝於十次消極的重複。沒有學習慾望，千次重複也不能形成熟練。消極的複習，錯誤的練習方法，不僅不能使學習效果提高，反而可能使學習退步。如書寫若不按正確方法練習，字不僅寫不好，反而會越寫越固定化、越退步。複習的得當與否，關係到學習水平的提高或降低，所以影響學習效果的關鍵不是複習的次數，而是複習的態度、組織策略及學習方法正確與否。複習對學習的有效性取決於複習的目的性，複習的積極態度和有無高度動機，還取決於複習中採取的有效策略和科學方法。這些方法將在下面介紹。

請記住：有組織及明確目標的複習效果最好。

二、即時、經常的複習

遺忘曲線顯示，遺忘進程是先快後慢。遺忘在識記後就已開始，識記後二十分鐘即已遺忘41.8%，如果間隔時間長了，遺忘得差不多才複習，那幾乎等於重新學習，如果即時複習就會事半功倍。實驗證明，熟記後即時複習比不及時複習效果要好得多。有一個實驗，兩組學生學習同樣資料後，甲組安排複習，乙組不進行複習，以後分別隔一天，一個月和六個月檢查回憶的百分率。結果甲組為88%、70%、60%；乙組為77%、58%、38%，可見及時複習組保持效果好得多。要記憶牢固，還要經常複習，複習次數可以逐漸減少，間隔時間可以逐步拉長。很多記憶力驚人的人，也是靠經常複習才取得優異記憶效果的。

對於中學生來說，應該即時而經常的複習。從時間安排上，最好抓住課後黃金二分鐘，當天課程當天晚上一定要複習一次，每週對當週學的課程做小結性複習，每學完一個單元要進行總結性複習，半學期及期末進行大複習。

所謂「課後黃金二分鐘」，就是每上完一節課後，趁對所學內容記得清晰、深刻之時，用課後二分鐘時間，對所學知識思考加工或回憶一遍，**用自己的話複述一遍**。透過思考加工整理出知識要點、知識層次和整體知識結構。透過回憶就是將所學內容像播放電影般呈現，以加深對所學知識的記憶和理解。對回憶不出來的知識難點，翻書看看，再記一遍，對不甚理解的疑點記下來，及時問同學或老師。課後黃金二分鐘關鍵是抓緊時間，如時間較短，就藉上廁所的機會將所學內容回憶一遍。課後黃金二分鐘的好處是趁熱打鐵，記憶效果好。許多用過此複習方法的人都深感受益匪淺。

所謂經常複習就是當天學習的內容當天複習，然後，每週一小結，每月一次系統複習，每半學期和一學期或每一學年都進行一次系統大複習。所謂複習也不是看一遍書即算了事，而是將有關資料，如教科書、參考書、筆記上有關的知識進行全面、有系統、深刻的加工整理，使知識要點與重點更加明確，使知識層次、知識條理性、知識邏輯系統更加清晰。不同類別的應用思路和各種練習的解題技巧都清楚在深刻理解的基礎上建構出整體知識結構，從而內化為自己頭腦中的認知結構。而且還要闔上書回憶一遍，檢查掌握的效果如何，針對存在不足之處再重新有系統的複習一遍。

請記住：即時、經常複習，說到做到，你將使學習獲得成功。

三、有重點、有計劃多種方式複習

對所學資料不應平均使用精力和時間，盲目的複習一切內容，應該對資料進行分析，分清主次及難度大小，然後有計劃、有重點的複習，在全面複習系統的掌握基礎上，對重點內容或難度大的資料多複習幾次，其效果就會大大提高。

單調的機械重複會使複習變得枯燥無味，降低學習興趣，容易引起大腦神經的疲勞，並降低複習效果。所以一定要採取多樣化的複習，如對有些材料進行新舊知識對比，區分出它們之間的同異點；對有些資料如外語，可以採取聽、說、讀、寫、譯等方式複習，比單純看的效果要好。有的資料可以用理論連繫實際，多方面找例證、做習題，加深理解；有的課程如數學，可以將熟記公式與做習題相結合；有的課程可以用寫綱要、概括中心思想與重點段落的背誦相結合。採取多樣化的複習效果，要比單調重複，更能加深理解，掌握牢固，學習效果大為提高。

請記住：抓住重點，變換複習方式能加深理解，複習過程不單調，能大大提高記憶效果。

四、閱讀與回憶交替的複習方法

實驗證明，閱讀與回憶交替進行的複習方法是提高複習效果的有效方法。例如，在一個實驗中，讓學生識記課文的內容。甲組學生連續讀四遍進行識記，乙組學生則閱讀兩次和回憶兩次，即閱讀和回憶交替進行。結果在複習後一小時、一天和十天分別檢查保持率，甲組是52%、30%、25%，而乙組則是75%、78%、75%。可見採取閱讀和回憶交替進行的複習，其記憶更準確和全面，保持更牢固。因為回憶是一種積極的記憶過程，它要求獨立思考參與，透過回憶能發現哪些記住了，哪些沒有記住，在複習時有目的的記住它。要注意，透過回憶發現的錯誤，一定即時糾正，不要使錯誤的東西得到鞏固，那時再糾正就要事倍功半了。這種交替複習法能讓人看到成績、增強信心，提高積極性。

將全部時間用於誦讀的記憶效果較差，而將40%以上的時間用於試圖回憶，這種誦讀與試圖回憶相結合，記憶效果明顯提高（見下表）。

誦讀時試圖回憶的效果

時間分配	16個無意義音節回憶百分數		5段傳記文回憶百分數	
	立刻	4小時後	立刻	4小時後
全部時時誦讀	35	15	35	16
1/5用於試圖回憶	50	26	37	19
2/5用於試圖回憶	54	28	41	25
3/5用於試圖回憶	57	37	42	26
4/5用於試圖回憶	74	19	42	26

五、書寫、默寫、閱讀與回憶交替複習法

書寫與默寫交替進行複習和閱讀與回憶交替進行複習一樣，也是有效學習的好方法。對於某些資料採取閱讀、書寫、回憶和默寫交替進行複習，能獲得較好的學習效果。在默寫或回憶後，要反覆檢查出現的錯誤，透過閱讀、書寫及時糾正，能獲得牢固保持的效果。筆者在學習時，對此法深有體會。對一篇文章或外語課文可以對其全篇採取閱讀、書寫、回憶和默寫交替進行複習。也可以對全書的各章節及重點歸納成提綱，閱讀、抄寫幾遍之後再回憶和默寫，默寫不出來的地方，反覆回憶不出來時，再對照原提綱或原文，重點思考和練習，直到掌握。記錯的地方也要及時糾正，並分析錯的原因。對回憶、默寫錯了的或回憶、默寫不出來的地方，可用螢光筆標出，使以後複習時能留意到。這種讀、寫、回憶和默寫交替進行，既發揮個人的積極性和獨立思考能力，又綜合了多通道、多樣化複習的各種優點，效果自然要好得多。

請注意：這是中學生的常用的武器，可以多加利用。

六、默讀、朗讀與背誦相結合的記憶法

默讀即是用不出聲的內部言語閱讀記憶法，朗讀即是採取有聲有色的外部言語讀書法，朗讀法就是學習時，一遍接一遍的唸，直到熟練並能背誦。對單字和外語、詩

詞、散文等高聲朗讀效果十分好。古代的學者也重視這一方法，朱熹就主張朗讀。他說：「凡讀書，需要讀得字字響亮，不可誤一字，不可少一字，不可多一字，不可倒一字，不可牽強暗記。」背誦是一種重要的記憶方法，背誦一般分為機械背誦和理解背誦兩種。所謂機械背誦就是對學習資料按照固定順序，逐字逐句，不分輕重主次，毫無遺漏差錯的再現出來。理解背誦則是以對資料意義的理解為基礎，用自己的話講述出來，就像向別人講課或作解釋一樣，如果你能將資料說出來，你必然已將它理解了。背誦在記憶活動中有重要意義：

- 它使人牢固而精確的掌握某種知識。古人云：「熟讀唐詩三百首，不會做詩也會吟」，說明背誦的作用。
- 背誦可以鍛鍊和培養人的記憶力，背誦使記憶保持鞏固而長久。

所以我們不能一概反對背誦，也不能把背誦與死記等同。但是如果不加理解的一味背誦，那就是死記硬背，不僅記憶效果不好，而且會阻滯智力發展。

在注重思考和理解的基礎上，默讀、朗讀和背誦結合進行或交替進行，可獲得良好的記憶效果。三種方法各有長處，可以單獨使用，也可以結合或交替使用。結合或交替使用可以將三者的優越性結合起來，比單獨運用某一方法，效果要好。

請記住：這些綜合方法須**以理解為基礎**，與思考結合，別陷入死記硬背的泥淖！

七、集中複習與分散複習

複習時間的分配會影響複習效果。在複習時間的安排上，一般分為集中複習和分散複習。集中複習，即是將識記資料所需的時間集中使用，接連不斷的反復識記資料；分散複習，即將識記資料的時間分散使用，識記、休息或與其它活動交替進行。研究指出，分散複習比集中複習的效果要好很多。在一個實驗中，兩組學生識記同一篇詩，各用一種方法，結果是集中識記組平均約需一百四十五分鐘，分散識記組平均只需九分鐘；二十天後測試兩組的保持效果，分散識記組也優於集中識記組。

分散複習的時間間隔應如何具體安排最為適宜？一般來說，要由記憶資料的性質、數量及個人的知識水平、智力特點來決定。過短的資料不宜分散學習，而應集中學習。開始階段間隔時間可短些，識記次數可多些，以後間隔時間可逐步長些，識記次數可減少。所謂分散，也有一個限度，不是越分散越好。實驗顯示一次的學習時間不宜過短，最好不少於十二分鐘，間隔時間多長為宜呢？實驗顯示，在分散學習的三種間隔時間：即一天、三天、六天，間隔一天組產生了最好的記憶效果，平均需要四次複習就達到熟記要求；間隔三天組平均需要複習六次；而間隔六天組平均需要複習七次。另有實驗顯示，間隔時間過短也不利於複習效果。有的實驗結果是：間隔半小時，需要學習十一次；間隔二小時，需要學習七點五次；而間隔十小時，則需要學習五次就夠了。

分散學習的具體做法是將學習時間分成幾段，中間安排休息。如複習語文需要四小時，但不要連續讀四小時語文，而是將課文分為四節，每節讀五十分鐘，中間休息十分鐘，這是一種分散法。另外也可以分為四天，每天學習語文一小時，總共仍為四小時。日常學習應堅持經常複習，也是一種分散學習，如當天學的課程當天複習，在上新課程之前將上一次學過的內容再複習一次，學完一章或一個單元再系統的複習一次，學完兩章或幾章再全面的複習一次，學完一本書再全面系統的複習一次。從時間分布上大概為十分鐘、一天、一週、一個月、兩個月、四個月之後各複習一次，先後複習六次，每次複習都達到理解深透、熟練掌握、能清晰回憶出來，就能使所學知識牢固保持在頭腦中。但對於較短的資料如詩歌、短文，或需要集中思考的事如寫作文、完成作業，集中時間完成效果好。

請記住：根據情況合理分配學習或複習時間會大大提高記憶效果，不善於分配時間，則事倍功半。

八、部分記憶、整體記憶和綜合記憶法

按照記憶資料的性質、內容和範圍情況，具體安排和分配識記方式，可分為部分識記、整體識記和綜合識記三種方式，或稱為三種記憶方法。

部分識記法是將學習資料分成幾個部分，一部分一部分的記熟，最後達到全部記熟。整體識記法是將整個識記資料，從頭至尾一遍又一遍反覆識記，直到記熟為止。綜合識記法是將識記資料先整體的進行初步識記和了解，再分成若干部分逐一複習和熟記，最後再整體進行熟記。這三種方法的優劣不能一概而論，要根據學習資料的性質、數量和難度而定，學習資料較短，較容易掌握，用整體記憶法為宜。如果學習資料較長，但難度不大，用部分記憶法可能較好。如果學習資料數量和難度都比較大，用綜合記憶法則較好。

研究顯示，將被試者分為三組，分別採用上述三種記憶方法識記同一資料達到熟記程度，結果平均需要時間為，部分識記組十六分鐘，整體識記組為八分鐘，綜合識記組六分鐘。

為什麼整體識記優於部分識記，綜合識記又優於整體識記呢？主要是因為整體識記容易把握資料的中心思想及各部分間的內部連繫，部分識記雖容易記住局部內容，

但不易抓住中心，容易把各部分孤立起來。綜合記憶法則綜合了兩者的優點，從整體出發，經過部分熟記，然後再整體熟記，容易形成知識的整體結構，因此優於上述兩種記憶法。

請記住：依據資料的性質、難度、長短，合理運用三種方法效果較好。

九、練習法

一般說來，練習可以分為書面練習（如解答數學、理化習題、作文等）和實際操作（如實驗、實習、技能練習等）兩種。無論哪種練習，都是理論連繫實際，把知識轉化為技能和本領的一種重要方法。把知識應用於實際或轉化為技能和技巧以後，能對知識加深理解並使之長期保持於頭腦中，甚至終生不忘。所以練習也是有效記憶的重要方法，練習在促進記憶鞏固中起重要作用。幾乎所有的發明家，都重視動手能力，喜歡將知識連繫實際，從小就喜歡動手製作各種模型。牛頓小時候喜歡工藝，他精心製作了風箏、風車等；愛迪生從小喜歡作實驗。諺語云：「拳不離手，曲不離口」，說明練習和操作在記憶活動中的重要作用。

但是，不是一直練習就可以，它是要講技巧的，不掌握做習題的技巧是沒有多大幫助的。例如做作業之前首先要複習，對書中所講原理、定理、公式和法則要理解，將例題解一遍，弄清解題技巧，然後再做作業就容易多了。再來做習題時要弄清題意，找出解題關鍵，有條不紊的去解題。做完作業如有時間，可挑選一些題目去做，在做習題時要著重分析題目的解題思路，解題技巧，不斷歸納解題類型，能提高解題能力。最後是有錯必改，認真找出解錯題的原因，選擇對策，認真改正。不斷了解練習結果，不斷改進解題方法，使解題能力逐步提高。

請記住：正確的解題態度和方法能增強記憶，提高課業成績。

十、多通道協同活動記憶法

在記憶活動過程中，識記同一內容，盡可能採用視覺、聽覺、觸覺、嗅覺、味覺等感覺通道協同活動，可以增強記憶。因為每種不一樣的感覺通道，可使同一內容在大腦皮層中建立很多通道，這些通路彼此連繫，才能使記憶更加牢固。心理科學研究顯示，單憑聽覺，會話通信每分鐘僅能傳達一百個單字，而視覺傳達的速度則比聽覺多一倍；視覺、聽覺同時作用，傳達的速度則是聽覺的十倍。由此可見，各種感覺通道同時參與，學習記憶的效果會成倍的增高。

利用視、聽教學，效果顯著。有個試驗讓三組學生分別用三種方式記十張圖片，結果視覺識記（只看）組，記住70％；聽覺識記（只聽）組，記住60％；視聽結合識記（既看又聽）組，記住86％左右。

許多研究顯示，言語資料和視覺形象連繫起來是記憶大量訊息的基礎。學生在學習時，應盡量採用多通道協同活動法，以提高學習效率。

十一、幾種自我檢查記憶的方法

・回憶記憶法

為了檢查學過的資料或感知過的事物，在這些資料或事物不在面前的時候進行回憶，這種方法稱為回憶記憶法。回憶法是以記憶過程的回憶環節為基礎，可參閱本章第二節回憶的內容。

・再認記憶法

再認法所測量的是，當原識記過的事物重新出現時是否認得，通常能認得者未必能記住或回憶出來，所以再認法比回憶法容易。再認法是以記憶過程的再認環節為其基礎。

・節省法

節省法亦稱「再學法」，用節省法時，要再次重新學習以前識記過的資料，而且要達到同樣熟練的程度。通常再學習時所需要的練習次數（或所需時間）較初學習時為少。

- 其他幾種自我檢查法

自問自答法
默寫自測法或提綱默寫法
互問互答法
背誦自測法

十二、結構化策略

結構化策略是一種有高度組織和學習目標的學習策略，也就是說學習時，學生在學習過程和學習目標上都有明確的結構。透過結構化學習，逐步建構知識系統，內化為自己頭腦中的整體認知結構。它有三個層面的涵義：

- 結構化學習策略在各門功課的學習上，是將每門功課的關鍵性概念、知識要點和基本原理等抽取出來，形成一個知識系統，一個有內在連繫的骨架性基本結構，依次作為學習或複習的導向系統。結構化學習要求學生在學習過程中，對教科書的知識要點和重點進行思考加工，盡量揭示它們之間的內在連繫，加以組織或重組，形成課程的知識整體結構。如能使之濃縮為知識提綱或概念性強的圖表、表格，能夠給人整體感，一目瞭然。如此就可以把龐雜、散亂的知識變得簡化、有序化、脈絡化，使之構成一個整體的知識體系。

- 在對部分知識內容學習時，結構化學習法是列出某一方面知識內容的主要原理、基本概念、範例、事實、人物或年代等重要知識線索。將課文轉變為知識要點並連成知識線，擴展為知識面，形成概要性的知識結構。然後再將具體知識與結構聯起來，構建為整體知識框架，更易於學習。
- 把握住整體再去理解部分。學習時盡快掌握住一章、一單元或一本書知識的整體結構，或是形成一幅知識圖。然後以整體知識結構為基礎，去認識其中各部分和各層次的內容，理解各部分內容在整體結構中的地位和作用，並把握各部分內容之間的內在連繫。其次是從整體的角度去區分重要部分和非重要部分。掌握住整體後再去連繫細節容易記憶。如果不是先從整體上把握，而是一部分一部分的去掌握，很難分出誰是重點，易被紛繁的知識細節擾亂。只有從整體上去把握，分析出知識的層次和部分，進而區分各部分的作用和特點，才容易區分出重要部分和瑣碎部分。有學者把此種學習方法稱為整體學習法。

請記住：先把握住整體再理解部分，抓住重點，並將全力集中於此。

用結構化策略學習和教學是美國教育心理學家布魯納（J.S.Bruner）提倡的科學方法，它有很多好處。首先，結構化知識是很容易記憶和掌握的。由於結構化知識要點明確，又具條理性、有次序、簡化和整體性強等特點，所以使知識既容易記住又易於提取。結構化學習是符合記憶規律和特點的，結構化方法具有簡化表達的特點，就是把一門課程中的浩繁內容放進「構造得很好的模型裡面」，使知識變得容易儲存和提取。

結構化學習法的第二個優點是促進理解。因為要使知識結構化，就要進行綜合分析，抽象概括，才能抓住知識的關鍵點及其內在連繫，這就是對知識的理解。也可以說只有在理解的基礎上才能使知識結構化。

結構化學習法的第三個優點是促進學習遷移。由於結構化是在理解課程內容基本原理基礎上，抓住知識基本點構建成知識框架，使知識變得易於儲存和提取，因此遇到類似情況的學習，就使之容易遷移。

總之，結構化學習可使浩繁的內容成為有序、條理化和系統化的知識網，因此變得容易儲存和提取。

十三、利用工具記憶法

- 利用筆記、日記幫助記憶法
- 列提綱、索引和利用卡片記憶法
- 利用錄音、錄影、照相等工具幫助記憶法

要學會遺忘

我們用了許多筆墨去寫如何記得牢，如何回憶得快，如何提高記憶效率和記憶能力。對記憶過程的另一組成部分——遺忘，談得很不夠，現在有必要對遺忘的作用進行一番分析和認識。

首先要認識到「遺忘」是記憶過程的重要組成部分，沒有遺忘，便沒有記憶。有人說：善於記憶者必善於遺忘。對人來說，遺忘和記憶同樣重要，如果不能保持儲存知識經驗，我們將一無所知。假如我們對每一次痛苦的經驗都記得相當清楚，那麼人生中那麼多痛苦、煩惱、憤怒、恐懼等不良情緒積累在頭腦中，我們很可能都想自殺了。所以我們不僅要學會記憶，善於記憶；還應該學會遺忘，善於遺忘。

心理學家認為遺忘具有兩面性，它既具有消極的一面，也具有積極的一面。對

遺忘的消極面，我們都有過想要記憶的事情記不住，想要回憶的事情回憶不出來的經驗，於是我們按照遺忘規律進行不斷的複習，運用各種記憶策略方法和技巧，增強記憶效果。這些都是針對遺忘的消極性所採取的對策，也是我們比較重視和清楚的。

但對於遺忘的積極性方面我們是否有那麼重視和清楚呢？這就很難說了。大家應該明白，遺忘的積極性對我們來說也是非常重要的。在現實生活中，我們耳聞目睹，會遇到大量事物，這些事物對我們來說少數有意義，大多是無關緊要的，我們不必去記憶它們，或者絕大部分應忘掉，過目不忘不僅沒必要，還會傷害大腦生理活動和損害人的心理健康。對於學習來說，學的內容很多，但也要分清輕重緩急和主次，只要記其精華和關鍵性的知識，對於不重要的地方就不去記它或乾脆忘掉。對於課堂知識也只能記住知識的層次和要點，記住知識的整體結構，用整體結構連繫知識細節，這就是平時我們常說的讀書要少而精。

愛因斯坦非常重視這個記憶策略，他說：「你們問我聲音的速度是多少？現在我很難確切的回答你們，必須查一查才能回答。因為我從來不記書上已經印有的東西。我的記憶力是用來記憶書本上還沒有的東西。」傳說愛因斯坦在美國居住很多年後，竟然連住處的街道號碼都沒記住，出門返回時找不到家。

類似的笑話在其他科學家的生活中也發生過。這一方面說明他們善於集中注意力去記憶事物的精華；從另一方面來說，遺忘不重要的事物，能夠使人集中精力去認識新事物，發揮創造性。因為創造性活動的關鍵在於如何善於把已有的知識經驗加以變通，重新組合，選用不同策略，用於解決問題和發現新問題。如果我們記憶庫裡充滿了牢固的舊組合、舊連繫和固定的策略方法，這些定勢傾向就使人很難進行思維活動和創造性活動。可見遺忘也有助於記憶思維和創造活動。

由此可見，遺忘積極性的重要意義是不容忽視的，善於遺忘也是人們獲得成功的重要心理素質。

從心理健康的角度來看，遺忘也是心理衛生所需要的。我們要想保持心理健康，就要使心理處於平衡、愉快的狀態。而要使心理狀態保持愉快平衡，就必須忘掉那些產生不愉快、心理不平衡的挫折、失敗、憂愁、悲哀、傷痛、苦難等消極的情緒體驗。心情愉快與否是衡量人精神健康的重要指標之一。因此，如果一個人經常或長期心情不愉快，我們就可以說他的精神不健康。在臨床和日常生活中，我們常常看到有許多精神和軀體方面的疾病就是由於長期處於不愉快、緊張、痛苦、悲傷狀態下而形成的。可見遺忘對於身心健康有著重要的意義。

現在我們再從學習的角度來看，如果不能忘掉煩亂的心事和消極的情緒，心理不平靜，要想有良好記憶是不可能的。好的心情要保持，煩惱的心情和事情要遺忘，這也是有效學習記憶所不可缺少的條件，由此也說明了遺忘對學習記憶的積極作用。

在學習中，難免有考試不理想，或事情處理不當而心情不愉快，情緒不佳，或者遇到某些不幸的事致使心情悲痛等情況，如果能善於遺忘，及時掃除掉大腦中的陰影，就不會影響學習效果。否則，處於心煩意亂之中，就很難學得進去、記得住。可見善於遺忘也是提高學習效果，提高學習成績的必要條件之一。

怎樣才能有效的遺忘呢？近年來，有人成功的研究了「隨意遺忘」，就是用有意識遺忘的辦法，加強記憶和學習的效果。我們依據遺忘的理論和規律，提出幾種方法，即「消退法」、「干擾法」和「壓抑法」。

一、消退遺忘法

所謂「消退遺忘法」就是依據遺忘消退學說，即識記後留下的記憶痕跡，會隨著時間的延續而逐漸的減弱、衰退，直至消失。當我們想忘掉因挫折、失敗而產生的焦慮、痛苦等不愉快的心情，或想忘掉某些不需要記的事物，就要有意識的控制自己，不要想它，不要惦記它，隨著時間的延長，想要忘記的事物便會自然減弱，乃至消失。

消退遺忘法的關鍵是不要回憶和重複它，因為複述會起增強記憶痕跡的作用，越回憶複述越不容易遺忘。在現實生活中，人們遇到不平衡或不快之事，喜歡找人說，結果越說越忘不了，越忘不了就越想說，因而什麼事都沒心情做，也做不成，越是無所事事，越沒有成績，心情也就越煩亂，形成惡性循環。

但是要做到不重述也是不容易的事，因此，我們不妨借用其他方法的幫助。如考試成績不好，不妨說：「這次沒考好，好好努力，下次一定能超越大家，不去想它了。」藉助這種「自我安慰法」幫助遺忘，也許有效，但如果接受教訓，努力奮鬥，改變落後狀態則更為有效。又如男女朋友分手，心情難過，你不妨說：「她有那麼多缺點，分手了更好，以後我會找個比她更好的，不想她了。」藉由這種「自我勝利法」幫助遺忘也許奏效。有些人受了委屈就大哭一場，發洩一番，然後就輕鬆多了，所以稱作「發洩法」。不去想，不去說，目的是讓它在心裡消失掉，而不是積壓在心裡。

二、干擾遺忘法

干擾遺忘法，簡稱干擾法，它是根據遺忘的干擾理論提出的。遺忘的干擾說是指當人們識記和回憶事物時，由於受了內外刺激的干擾而產生記不住或回憶不起來的結果。因此，當我們想忘掉某一事物或心情時，不妨用學習記憶新的事物或用愉快的心情去干擾它、代替它。如我們遇到挫折，心情煩悶時，要擺脫掉它，不妨去看場電影、去旅行，或看一場球賽，用新的事物，愉快的刺激代替舊的不愉快，把那些不愉快「干擾」掉。

三、壓抑遺忘法

壓抑遺忘法又稱為壓抑法，就是將痛苦、悲傷有意識或無意識的壓抑到無意識層中去，以避免可能引起的焦慮，而影響學習記憶效果。

有意識的遺忘尚屬於新的研究領域，實驗資料不多，上述幾種方法還有待於在實踐中驗證和發展。不管如何，有意識和主動的遺忘會提高記憶效果，這一點是肯定的。

另外，還有一個記憶規律。例如讀一篇文章，一部小說，我們對開頭和結尾記得較牢，中間部分容易遺忘。原因是中間部分容易受到前面和後面兩種抑制的干擾。因此人們認為，晚上睡覺前和早上學習效果較好，不容易受干擾抑制，在學習中，要重視這一規律的應用。

總之，我們應該學會遺忘，善於遺忘，努力克服遺忘的消極作用，主動發揮遺忘的積極作用。

PART 7

史上超強
記 憶 法
大 補 帖

01理解記憶法

心理學家艾賓浩斯在做記憶的實驗中發現：為了記住十二個無意義的、人為的音節，平均需要重複十六點五次；為了記住三十六個無意義音節，需重複五十四次；而記憶六首詩中的四百八十個音節，平均只需要重複八次！這個實驗告訴我們：凡是理解知識，就能記得迅速、全面而牢固。不然，總是死記硬背，那真是吃力不討好。

能夠深入了解歷史背景比理解力低僅僅能夠記憶課本條文的學生，更能夠保持長久而正確的記憶。這就是說：能夠理解，記憶也就能長久。

不要為自己的記憶力不好而灰心，應該反覆檢查自己是否真正理解所要記憶的東西。要理解一件事，在記憶的感覺上好像在走遠路，事實上，它卻是培養記憶力最快的捷徑。

動腦筋思考是理解記憶的核心，只有動腦筋思考才能達到理解。那麼，怎樣才算是理解了所記憶的資料或事物呢？就記憶一篇文章來講，應該做到以下三點：

1. 能清楚了解文章的結構，即文章由哪些部分組成？每一部分有什麼作用，各部分之間是怎樣相互作用的？

2. 不僅懂得文章的表面意義，而且也能懂得內在的意義，諸如弦外之音，諷刺與幽默所包含的意思等等。

3. 能解釋文章所闡述的問題其發生的原因，某一問題產生的後果，或說明某一問題的依據。

4. 能根據文章提出問題並回答問題。一般來說，在沒有理解所記憶的內容時，學習者是提不出什麼問題的，或是只能漫無邊際的亂提問題，當然也就很難回答問題。

真正做到加強理解要注意幾個方面：

1. 要善於將頭腦中的知識與所要記憶的知識相溝通，建立起新的連繫。

2. 要善於利用頭腦中的知識，利用已獲得的連繫，過去的經驗或知識越是豐富和多樣，就越有利於加深理解。

3. 要善於利用例子來說明問題。當然，在消化知識的開始階段，所列舉的例子可能是文章上的，但不應以此為滿足，應該開始動腦，自己想出一些例子來，達到「舉一反三」、「觸類旁通」的目的，這樣做是養成獨立思考習慣的必經之路。

4. 所記憶的內容要能在實踐中應用。對理解了的知識不會應用，或者一遇到問題就束手無策，這就不能算是真正理解。真正的理解在於能解決問題，善於運用所獲得的知識來分析實際問題，而且應用的次數越多，就越能加深理解。

總而言之，只有做到上述四點，再去記憶，才能讓新知識、新訊息深入你大腦皮層的知識網之中。

02規律記憶法

抓住事物規律進行記憶的方法，就叫做「規律記憶法」。

世上任何事物或物質，從微觀世界到宏觀世界都是有規律可循的，規律記憶法就是要找出事物之間的連繫和規律，從而有助於記憶效果。

例如漢字結構比較複雜，偏旁有時表義，有時表音，往往韻母不同，寫法也不同，掌握了規律，就不容易寫錯了。

掌握事物的規律要善於分析。如在學習秦朝、隋朝斷代史時，只要注意發現這兩個朝代相似的興衰規律；在學習當代文學史時，努力發現它與當代歷史同步運行的規律，就可獲得較好的記憶。

掌握事物的規律要**善於總結**。在識記活動中，我們要做有心人，不能對各種事物視若無睹，要注意從司空見慣的事物中找出事物的發展規律。掌握事物的規律還要善於理解，弄清事物各部分之間的關係，做到這一點，記憶的難題便可迎刃而解。

03 精選記憶法

對量多、繁雜的識記對象，透過篩選、提煉，濃縮成極少量的精華，以提高記憶的效率，此為「精選記憶法」。

據說古時候有的人記憶力極好，文章可以倒背如流，過目成誦。可是鄭板橋卻看不起這種人，把他們叫做：「沒分曉的鈍漢。」怎麼個沒分曉？就是不分主次、輕重，不管有用、無用，一股腦兒全部背下來。

英國小說家柯南・道爾（Arthur Conan Doyle）在《血字的研究》中借福爾摩斯的嘴，表達了一個非常有效的記憶方法，他說：「人的腦子本來像一間空空的閣樓，應該有選擇的把家具裝進去，只有傻瓜才會把他碰到的各式各樣的破爛雜碎一股腦兒裝進去。這樣一來，那些對他有用的知識反而被擠了出去，或者，最多不過是和許多其他東西摻雜在一起。因此，在取用的時候也就感到困難了。」

可是不少人往往犯了不分青紅皂白一股腦兒往自己的小閣樓裡裝的毛病。你想想自己是不是也這樣？

儘管人的記憶潛力是非常巨大的，然而人的時間和精力卻是有限的。利用有限的時間和精力，記住那些知識海洋中極為有用的內容，才是我們的目的。

什麼是有用的知識內容？就像某一學科的重點、難點、關鍵問題，是那些老師不斷強調的問題。牽牛要牽牛鼻子，記憶要選擇知識的「牛鼻子」。

因此要想考出好成績，必須對所學的知識充分消化理解，精選重要內容，把它們牢牢記住。許多公式、定義、定理是精髓和本質所在，要理解，也要牢記，它們往往是以一當十，有著舉一反三的作用。

有些人對一些解題過程和答案也要強行背下來，這完全沒有必要。考題千變萬化，它要求你靈活的運用公式和定理，不是要你去死記。

學習好的人，記憶力強的人，往往善於抓住重點，抓住精髓，善於組織資料。美國心理學家布魯納認為，人類記憶的首要問題在於組織。也就是說，對要記憶的知識進行歸納、整理、概括和精選。

中國現代著名數學家華羅庚在這方面深有體會，他說：「書要越唸越薄。」不是這樣嗎？一節課裡真正有價值的只不過是幾行或十幾行的內容；一篇文章的精華也不過幾句或十幾句話；一本書的精華也不過幾個或十幾個段落。把這些內容精選出來，仔細咀嚼，好好消化和吸收，裝進大腦這個小閣樓裡，既不會負荷過重，提取也輕而易舉，何樂而不為！

愛因斯坦曾經遇到過這樣一件事，在他獲得諾貝爾獎時，一群好奇的美國青年要考一考他的記憶力，他們問愛因斯坦：「聲音在空氣中的傳播速度是多少？」

面對這種提問，愛因斯坦回答道：「關於聲音的速度問題，十分遺憾，確切的數字我答不上來，不過這完全可以在物理教科書裡找到答案，而我的頭腦要留著思考書本上還沒有的東西。」多妙的回答啊！原本想難為愛因斯坦的青年們為此而大為折服。

愛因斯坦告誡我們：「在所閱讀的書本中找出可以把自己引到深處的東西，把其他一切統統拋掉，就是要拋掉使頭腦負擔過重和把自己誘離要點的一切。」

04 系統記憶法

按照科學知識的系統性，把知識順理成章編織成網，這樣記住的知識就是完整的，叫做「系統記憶法」。

凡按順序注意系統記憶的自學者，成績都較理想，而那些「東一耙子，西一掃帚」，蜻蜓點水、淺嘗輒止的人，往往成效不佳。

大腦對於識記對象進行系統記憶具有一種本能性，我們可以做這樣一個實驗，請被試者記住三十個詞語，如下圖：

蘋果	毛筆	月季	椅子	冰箱
錄音機	衣櫥	蘭花	鋼筆	蜜桃
紙張	電視	直尺	桌子	米飯
電扇	餛飩	箱子	燒餅	洗衣機
枇杷	水杉	菊花	香蕉	餃子
麵條	書櫥	梨子	橡皮	楊柳

五分鐘後，請被試者默寫出來。大多數被試者都自覺或不自覺的運用了系統記憶法，即把分散的訊息按系統分類。如下圖：

水果	文具	食物	家具	電器	植物
蘋果	鋼筆	麵條	衣櫥	冰箱	月季
梨子	直尺	燒餅	桌子	電視	蘭花
蜜桃	毛筆	米飯	椅子	洗衣機	菊花
枇杷	橡皮	餃子	箱子	錄音機	楊柳
香蕉	紙張	餛飩	書櫥	電扇	水杉

當然，有些人並不能將三十個詞語全記住，但多數是如上的思路。

在記憶圓形、扇形、弓形的面積時，可以這樣記憶：首先抓住這三種形狀的關係；扇形是圓形的一部分，弓形又是扇形的一部分，然後把計算這三種圖形面積的公式串起來。

圓的面積公式——$S = \pi R^2$

扇形面積公式——$S = 1/2\, R^2 \theta$

弓形面積公式——$S = 1/2\, R^2 (\theta - \sin\theta)$

註：（R表示半徑，θ表示圓心角）

這樣記起來就覺得不困難了。

實踐證明，系統記憶不僅是必要的，而且是有效的。一般進行系統記憶的方法有以下三種：

1.循序漸進的學習。學習和記憶一定要有步驟的探索，分階段進行，這樣才會取得較好的效果。

2.深入細緻的理解。要使自己的知識達到系統化，必須深刻理解知識結構之間的關係。所以，要想長久記憶，不求甚解是不行的。

3.一點一滴的積累。荀子在《勸學篇》中說：「不積跬步，無以致千里；不積小流，無以成江海。」道出了點滴積累的巨大意義。

05 精確記憶法

以盡量精確記住某一資料為目的的記憶法稱為「精確記憶法」。精確記憶法是相對於大意記憶法而言，和大意記憶法相比，精確記憶法的要求較高，目的較明確，難度也較大。在學習過程中記憶各種定理、公式、字詞句、精彩段落、詩歌，都屬於精確記憶。

當人們要求自己去精確記憶某段資料的時候，記憶效果優於只要求自己記住大意時的記憶效果。這是因為在進行精確記憶的時候，人必須充分動用大腦的記憶潛力，使腦達到高度興奮狀態，這時候神經細胞動員過程的強度較大，因此，記憶所造成的「痕跡」也比較深。

精確記憶法的要點，首先是要求精確，不允許出錯誤、遺漏、增加內容。以此為目的，再想各種辦法實現這個目的。

其次，精確記憶在重複的遍數、複習的次數、所花的時間、功夫等方面都高於大意記憶。

06 多通道記憶法

人要記憶外部訊息，必先接受這些訊息，而接受訊息的「通道」不只一條，有視覺、聽覺、嗅覺、味覺、觸覺等等。有多種知覺參加的記憶叫做「多通道」記憶，這種記憶方法的效果比單通道記憶強得多。

人們在接受外界訊息時，由於感覺的器官不同，記憶的保持率也會有所不同。

專家經過試驗，得出學習者在接受知識時，如果只靠耳聽，三小時可保持70%，三日後只保持10%；如果只靠眼看，三小時後保持72%，三日後保持20%；如果用眼耳結合的視聽法，三小時後能保持85%，三日後可保持65%。

還有一些專家得出的結論是，如果只靠口唸，過一段時間後，只能記憶10%；只靠耳聽只能記20%；只靠眼看能記30%；如果聽看結合，能保持50%；如果邊聽邊看邊說，再親自動手做，記憶則可保持70%以上。

現代科學研究證明，單憑聽覺，每分鐘只能傳達一百多個單字，而視覺傳達的速度是聽覺的二倍，視覺和聽覺同時作用，傳達的速度則是聽覺的十倍。

前人的經驗也證明，多種感知同時進行的記憶效果好。宋代學者朱熹主張讀書必須做到「心到、眼到、口到」。「心不在焉，則眼看不仔細，心、眼既不專一，卻只孟浪誦讀，決不能記，記亦不能久也」。魯迅則主張「五到」，少年時期曾在一張書籤上寫道：「讀書要心到、口到、眼到、手到、腦到。」心到指集中精神，全神貫注；口到指開口讀書，讀聲響亮；眼到指目光專注，看得仔細；手到指勤於動筆，抄抄寫寫；腦到指多動腦、分析、理解。

心理學實驗也證明，在相同時間裡，第一組學生只是聽老師唸一段課文，第二組學生聽老師唸完後自己唸，第三組學生又聽，又唸又默寫。結果，第三組的記憶效果最好，第二組次之，第一組最差。

因此，我們在背誦詩詞、文章，在記憶公式、定理、單字的時候，不僅要用眼看、耳聽，還要唸出聲，動手寫，甚至比比劃劃的表演、動作一番。

有句俗語：「百聞不如一見，百見不如手過一遍。」記憶的規律就是這樣，動員的感官越多，越能記憶深刻。因為同一訊息，透過眼、耳、口、鼻、手等器官去接受，使大腦皮層各個相應區域都同時運作，他們之間又互相建立了條件連繫，連繫通道多了，和原有的知識也連結起來，留下的「痕跡」也就深刻，記憶自然牢固。

總之，「多通道」記憶法，能夠動員腦的各部位協同合作，一起接受和處理訊息，這就好比用五個手指抓東西比用一個手指拿東西效果好得多。這種方法在掌握各種語言文字的過程中顯得更加重要。因為不論哪一種語言學習的目的總是為了聽、說、讀、寫這四種能力，恰恰是訊息輸入和輸出的四種不同的通道。因此，有經驗的語文和外語教師都主張學生要多聽、多說、多讀、多寫。教師領讀和學生跟讀、聽課時的邊聽邊記，也是「多通道」記憶法的具體應用。

多通道記憶法的基本原則是**多種感官聯合行動**，但也不是在任何情況下，都要運用所有的感官，有時，根本不可能或不需要，在既需要又可能的條件下，採取各種感官聯合行動最好。條件不允許或不必要的時候，能動用幾種感官就動用幾種，只要能盡量動員各種感官在大腦中留下較深的痕跡，就會達到目的。

07 聯想記憶法

利用聯想來增強記憶效果的方法叫做「聯想記憶法」。

所謂聯想，就是當人腦接受某一刺激時浮現出與該刺激有關的事物形象。聯想不可能是無意識的，只有對事物認真的觀察和認識，才能在頭腦裡刻上事物的最初痕跡，也才能在任何時候透過聯想而回憶起來。如果養成這種聯想的習慣，不僅能提高記憶力，而且有助於提高觀察力、想像力、集中力、創造力。

聯想記憶在生活中很常見。例如，當我們聽到一首兒時唱過的歌曲時，就會回憶起當時的生活情景；當我們見到朋友送的禮物時，就會想起當初和這位朋友的密切交往和深厚友誼。

愛因斯坦的一個女友要求他有空時打電話給她。

「我的電話號碼很難記，請用筆記下。」她說。

「好，我聽著。」

「24361」。

「啊！這有什麼難記的呢？」愛因斯坦說，「兩打與19的平方，我記住了。」

原來12是一打，24是兩打，而361恰是19的平方。愛因斯坦充分運用了聯想法，賦予五個無意義的數字容易記住的涵義。

聯想的方法有很多，有的取其本質相同，有的取其形態相像，有的取其某些因素相關，也有的取其意義相反。

下面介紹幾種正確的聯想方法。

一、奇特聯想記憶法

奇特聯想記憶法是世界公認的「記憶祕訣」，它是運用離奇的、特殊的、甚至荒誕的聯想，在頭腦中勾畫出生物的物體來增強記憶的方法。奇特的聯想記憶法要求：一要運用聯想，二要造成鮮明的物象。對記憶的內容，聯想越奇特越好，物象越鮮明越好。它最適用於記憶文科各類知識，特別是那些要求快速記憶的知識。

二、定位聯想記憶法

定位聯想記憶法是一種神奇、出奇制勝的科學方法。它就像事先在自己的記憶倉庫中預備好一系列固定的貨架，然後將記憶資料分門別類的按固定順序放在貨架上，就像倉庫裡存放物品一樣「定位」，這種方法就叫「定位聯想記憶法」。

定位聯想記憶法的關鍵是要準備好定位詞，定位詞必須是自己非常熟悉的、序列鮮明的東西。用這些東西做貨架，就不怕放東西後提取不出來了。

定位詞並不難找，以下試舉幾例：

以人體為例（從上向下）：眉毛、眼睛、鼻子、耳朵、鬍子、嘴、牙、舌頭……

以親人為例（由長輩到小輩）：爺爺、奶奶、爸爸、媽媽、哥哥、姐姐、弟弟、妹妹……

以詞為例：東、西、南、北、中；春、夏、秋、冬……

三、接近聯想記憶法

所謂「接近聯想記憶法」，就是指建立在時間上接近、空間上連續或性質上相同的聯想記憶方法。按照系統論的觀點，整個世界是一個大系統，在這個大系統之下又有若干個子系統。各個子系統之間都有著時間、空間及性質方面的連繫。掌握它們的接近點，在各個系統之間建立相互連繫，這就使識記資料的輸入和提取多了一條通道，使思維和記憶的軌跡更加深刻。

接近聯想在生活中隨處可見。如在學歷史時，由張騫通西域想到班超、玄奘，由甲午戰爭想到李鴻章。

接近聯想記憶法符合人的認識規律，因此，非常容易為人們所接受，許多教師常常運用這種方法教學，都收到較好的效果。這種方法特別為兒童所歡迎。有一位兒童教育家就常常運用這種方法對兒童進行啟蒙教育。比如，他想告訴兒童什麼是國家、世界時，就先讓兒童從家開始一步步聯想，逐步接近這個概念。他說：鄰居們共同居住的一排房子叫街道，許多街道合在一塊叫區，許多區合在一塊叫市，許多市合起來叫省，許多省合起來叫國家，各個國家合起來就叫世界。就這樣，兒童們從接近聯想中獲得了生動、具體而初步的國家概念及世界概念。

四、類似聯想記憶法

當一種事物和另一種事物相類似時，往往會從這一事物引起對另一事物的記憶聯想。例如由弓想到箭；由槍聯想到炮。

類似聯想記憶法在生活、學習、工作中得到廣泛的應用。

例如在教導小學生識字，可運用類似聯想法，把「青、清、請、睛、晴、情」，「餃、皎、狡、絞、佼、校」等字形、字音相近，又能相互引起聯想的字集中在一起讓學生識記，效果非常好。

五、對比聯想記憶法

對比聯想記憶法是建立在客觀事物對立性基礎上的一種聯想記憶方法，它主要是抓住事物間某些鮮明對立的內部及外部特徵，由此進行廣泛聯想，造成明顯而強烈的反差來加強記憶。

在大千世界裡，矛盾普遍存在，各種事物都是相對存在的，如由黑想到白，由深想到淺，由海想到陸，由好人想到壞蛋，由嬰兒想到老人等等。

許多詩歌、對聯，大多是按對仗的規律寫出來的，在背誦詩詞時，可以充分利用對比聯想法，從前句聯想到後句。如：

「金沙水拍雲崖暖，大渡橋橫鐵索寒。」

「書山有路勤為徑，學海無涯苦作舟。」

08 興趣記憶法

人們對感興趣資料的記憶叫興趣記憶。人們有意激發自己對記憶資料的興趣，以增進記憶效果，這種方法叫「興趣記憶法」。

興趣是記憶的媒介，任何人都能對自己感興趣的事情表現出非凡的記憶能力。「只有愛好，才能精通。」只有對某件事產生興趣，才能深刻記憶。

有些學生常抱怨自己記憶力不好，記不住英文單字和數學公式。但是他們聽了一段有興趣的書評後，往往能非常完整的把它複述下來。由此可見，有意識加強對記憶資料的興趣，是改進記憶效果的一個好辦法。俗話說，哪裡有興趣，哪裡就有記憶。興趣越是強烈，就越容易記得牢固。

有一些事物，儘管你沒有興趣，但又必須記憶。怎麼辦呢？就是創造出趣味來。像記憶漢字有很多有趣的方法，如猜謎語：「有女你不嫁，嫁在禾樹下，有鬼來伴你，問你怕不怕？」猜的是「魏」字。

09 特徵記憶法

利用識記對象的特徵來加深記憶的方法就叫做「特徵記憶法」。

任何事物都有其本質特徵，這種特徵總要透過一定的形式表現出來。所以，對欲記憶的事物仔細觀察，抓住其特徵，就可以記得牢。

在學習漢字時，有些字的形狀基本相似，較難區分，其實只要努力把各自的特徵找出來，就可把各個不同的字形辨清、記住了。例如：

巳（地支的第六位）

已（已經）

己（自己）

可以重點記它們不同的部分。

識（知識）

織（編織）

職（職務）

幟（旗幟）

可以著重辨別部首。

有些人「別字連篇」，是因為沒有把這些形似、音異、意思不同的字弄清楚。對於某些詞語也一樣，只要找出各自特徵，也就容易分辨和記憶了。

辨析詞義可以用這個方法，記憶其他事物，也可以用找特徵的方法。如記歷史年代，就可抓住它們本身某些特徵來記憶。如法國大革命在一七八九年，一七八九年是自然連續數；明朝亡於一六四四年，後兩個數字的相乘正是前兩個數字，稍加注意，就容易記住。萬有引力常數，1/15000000，後面拖幾個0常易搞錯，注意一下，0的個數正好等於前數之和，1＋5＝6。

上述的例子純屬偶然，但為了幫助記憶，不妨仔細觀察，動動腦筋。

總括來說，學習、記憶新資料或新事物時，要先下一番發掘的功夫，將其特徵尋找出來，有些資料或事物之間的區別不很明顯，找起來也並非容易，但只要仔細觀察，細緻對比，深刻分析不同情況下的異同，總能找出要記憶資料或事物的特徵。

運用特徵記憶法，可從以下幾個方面著手：

一、**觀察**

觀察是記憶的基礎，只有仔細觀察，才能記憶紮實。沒有經過仔細觀察的記憶，事後只能想出粗略的大概而已，至於主要的內容就無法想出來了。一般情況下，觀察的順序應該是從整體到局部。首先要觀察全貌，其次是觀察各部分，最後是觀察細節處。在整個觀察的過程中，要注意尋找事物的特徵，當確認了事物的特徵後，就已經把它記住了。

二、**辨別**

很多識記對象極其相似，容易混淆，只有認真辨別，同中求異，才能找出識記對象的特徵。在記憶時，有些事物的特徵非常明顯，一目瞭然，有些則需要下功夫才能辨別出來。不過，經過認真辨別後抓住的特徵，是難以遺忘的。

三、**發掘**

有些識記對象本身並沒有什麼特徵，怎麼辦呢？那麼就可以人為的賦予它一個特徵。如英語單字eye（眼睛）只要想像y是西方人的勾鼻子，兩個e是兩隻眼睛，這就是利用特徵和視覺記憶的例子。

觀察、辨別、發掘，將會揭開事物的面紗，顯露其獨具的個性特徵。如果你能經常從尋找特徵的角度去觀察、去記憶，將會收到驚人的記憶效果。

10 比較記憶法

把兩個或多個記憶對象加以比較，找出它們相同和不同之處，這種加強記憶的方法叫做比較記憶法。比較記憶法，就是對相似而又不同的事物進行對比分析，弄清以致把握住它們的差異點和共同點，以加深記憶的方法。

例如，在記憶兩角和三角函數公式時，把正弦、餘弦和正切、餘切的公式個別加以區別，記起來就比較容易：

$$\sin(\alpha \pm \beta) = \sin\alpha\cos\beta \pm \cos\alpha\sin\beta \text{ — ①}$$

$$\cos(\alpha \pm \beta) = \cos\alpha\cos\beta \mp \sin\alpha\sin\beta \text{ — ②}$$

只需記住，等式右邊，①式是 sin 和 cos 互換，②式則不互換，①式和②式的加減號互反，這兩個公式就容易記了。

在學習歷史時，把官渡之戰和赤壁之戰比較；學文學史時，把杜甫和李白加以比較；在學習心理學時，把舊行為主義和新行為主義、精神分析主義和新精神分析主義加以比較，都會收到事半功倍之效。

對於比較複雜的問題，可以利用表格讓資料集中在一起，讓它有比較和區別，更有歸納概括和便於記憶的作用。例如：

條約名稱	簽約時間	簽約國
南京條約	一八四二年八月	中、英
望廈條約	一八四四年七月	中、美
黃埔條約	一八四四年十月	中、法

璦琿條約	一八五八年五月	中、俄
天津條約	一八五八年六月	中國分別和英、法、俄、美簽訂
北京條約	一八六〇年十月	中國分別和英、法、俄簽訂
伊犁條約	一八八一年二月	中、俄
中法新約	一八八五年六月	中、法
馬關條約	一八九五年四月	中、日
辛丑條約	一九〇一年九月	中、英、美、俄、德、日、奧、法、義、西、荷、比

這種表格，對記憶內容多、概念易混淆的知識十分有效。一個用心編製出來的表格，會使你思路清晰，記憶深刻，因為在製表過程中，你大腦的有關區域已經處於高度興奮中，它在尋找、分析、比較、綜合，把知識整理得有條不紊，一旦需要，你就可以隨時派上用場了。

比較記憶法之所以有效，是因為比較是一種重要的思維過程。在這一過程中，人必須找出不同對象及現象間的共同特徵和不同特徵，用這樣的標準去衡量它們，因此，被比較對象就會反覆多次的在大腦中出現，形成深刻的印記。以後，只要回憶起對象甲，則對象乙的特徵就會隨之出現。如果分別單獨記憶甲、乙二對象，在回憶時就不會發生這種「聯想」和「連結」機制。

經常採用比較記憶法，有助於人的思維能力，使記憶的資料更加牢固、紮實。

比較記憶的方法很多，主要有以下幾種：

1. 對立比較。把互相對立的事物放在一起，形成反差極強烈的鮮明對比，使識記者留下深刻的印象。
2. 對照比較。把同一類別的若干資料同時並列，區分特點加以比較。
3. 順序比較。在接受新知識時，把它與頭腦中已有的舊知識加以比較，找出它們的連繫，確定其相同點與不同點。
4. 類似比較。找出類似事物中的不同點，發掘出其本質的不同，即尋找出其同中之異予以強化記憶。

11 比喻記憶法

對識記對象用生動、貼切的語言進行比喻，使內容顯得新鮮有趣，從而啟發人們的聯想與思索，這叫「比喻記憶法」。

比喻是一種常用的修辭手法，也是幾千年來人們所用的思維方式和語言交流的輔助手段。運用比喻，可以把抽象的事物具體化、形象化，把深奧的道理講得淺顯易懂，把陌生的東西變為人們熟悉的東西，更快的說明問題，更好的交流思想。不僅如此，比喻還與記憶有著密切的關係，那些切合的比喻常常讓人留下難以忘懷的印象。

比喻有助於記憶，主要表現在以下幾個方面：

一、形象化

如要記憶的是抽象的事物，則將它比喻為具體的形象，有助於記憶。

二、新穎性

新奇的想像、巧妙的比喻容易被記憶。如唐代詩人賀知章的《詠柳》詩：

碧玉妝成一樹高，萬條垂下綠絲絛。

不知細葉誰裁出？二月春風似剪刀。

春風的物象並不鮮明，可是把它比做剪刀就別出心裁了。第一次吟誦這首詩就給人深刻的印象。本來前面的三句沒有特別新意，但「二月春風似剪刀」一句異峰突起，會使人馬上回頭玩味前三句，柳樹碧、柳枝綠、柳葉細，都是春風的功勞，如果能給識記資料新穎的比喻，這首詩便記住了。

三、具體化

有很多識記資料的抽象性很強，難以記憶，透過比喻的手段，使它們變為看得見、摸得著的事物，就好記多了。

四、淺顯性

有些識記資料是枯燥的概念公式，一經比喻就會變為淺顯易懂的事物。

運用比喻記憶法，實際上是增加了一條類比聯想的線索，它能夠幫助我們拉開記憶的大門。在學習、工作或生活中，你可以主動使用比喻記憶法。如記人，見到對方以後，可以在心裡想，他胖得像狗熊；他瘦得像猴子；他的臉像螃蟹；他的頭髮像羊毛……，在回憶時，你可以透過比喻在頭腦中浮現他的形象。記憶其他事物，你也可以如法泡製。

12 背誦記憶法

要求人們對識記對象無論主次、不分輕重、按照原來的順序逐字逐句、一字不差的進行記憶，就叫做「背誦記憶法」。背誦能在大腦中精確而牢固的貯存知識，古人云：「熟讀唐詩三百首，不會做詩也會吟。」說的就是背誦之妙。

經常背誦，養成習慣，可以鍛鍊人們的記憶力，能加深對識記對象的理解。透過背誦，可以使對識記對象在頭腦中達到融會貫通的效果，可以為思維積累語言的資料，提高人的思維與語言表達能力。

無論記憶的資料多麼有規律，僅僅單純反覆閱讀是遠遠不夠的。心理學家阿瑟．蓋茲指出，把全部時間的80％用於背誦，20％用於閱讀，結果記憶得快。把某份資料讀一遍或兩遍後再背誦的效果最好。背不下去可以看一下原文，這樣進行自我測試可以很快且又能長時間記住。自我測試背誦或者自己鞭策自己為什麼有效？其理由有以下幾點：

1.比反覆閱讀同一篇文章要豐富多彩。

2.能夠更適應成功與失敗的原則。要求進步的意識會使你增加勇氣，增強信心，當你察覺到錯了時就會努力改正。

3.會加強閱讀時的注意力。這一點肯定對加強正確的理解和觀察有很大好處。

13 自問自答記憶法

只是把資料或事物記憶下來，並沒有多大的用處，必須能想出來才有用途。那麼，怎樣做才能容易的想出所記憶的資料或事物呢？對一次記憶下來的資料或事物，常常有意識的在腦海裡自問自答，這樣能使記憶的痕跡更加深刻。

例如，發生重大交通事故或大地震時，能死裡逃生的人，多是靠冷靜的行動逃脫出來的。除此之外，經常運用「自問自答」的方法，也能為緊急事故的發生做準備。假想各種災難發生的情況，例如，「假設發生地震，走廊倒塌，無法逃脫，那怎麼辦？」「由後面出去。」「後門也出不去，怎麼辦？」「由房間的窗戶逃出去。而房間窗戶的高度與圍牆的高度差不多，然後再從圍牆跳出去。」「圍牆倒塌了，怎麼辦？」諸如此類，在頭腦裡假設多種處理辦法，重複的加以練習，碰到真正發生地震時，就能馬上應用先前設想過的辦法逃過大難。

在考試的時候，面對考試卷，不必因為一時的忘記而煩惱，這種方法能使你立刻解決問題。記憶下來的事情，經常在頭腦中自問自答，以強化記憶，自然會容易的想出答案來。

14 自我考試記憶法

在學習中，透過自己考自己來增強記憶的方法叫「自我考試記憶法」。《孫子兵法》中說：「知己知彼，百戰不殆。」我們只有充分了解自己的記憶程度，才能有把握去考試，去進一步學習。經常運用自我考試的方法，可以使我們確切了解自己學習得如何，知道哪些知識學會了，哪些知識沒記住，哪些地方搞混了，再進行複習時就能馬上訂正，免得一誤再誤。透過自我考試，可以培養自己靈活運用知識的能力。在正式考試時，考題不可能和書上一樣，往往都會變換角度，或極具綜合性。如果我們只是機械的照搬書本，死記硬背，很可能束手無策，不知從何下筆，答不好或交白卷。但如果平時經常運用自我考試法，對所學知識從多方面消化，考試時就能臨陣不慌，即使碰上出乎意料的題目，因為平時訓練有素，也會「靈機一動，計上心來」，圓滿的處理好。其次，用自我考試法能增強複習時閱讀的注意力，這也是在複習功課時變換各種方式加強記憶的有效方法之一。

運用自我考試法有以下幾種方法可供參考。

一、定期考試法

自己訂定考試計劃，可以在複習後當晚或隔一兩天自考，主要是回憶所學內容。在自考的內容上，可依課程的單元（階段考）或全書考自己，一個單元學完了，應該問問自己學會了什麼，這個單元要求我們掌握多少知識，了解自己記住了多少，以便隨時補救；一本書學完後，可翻開目錄，逐次回憶內容。有單元考的基礎，全書考就沒有多大的問題。

二、隨時考試法

即隨時隨地自己考自己，這種方法適用於學外語。先做些卡片，正面寫單字，背面寫中文，隨身攜帶，可以隨時隨地拿出來測試，像在等車、走路、開會前等零散時間都可善加利用。

三、默寫自試法

漢字、外文等都是有其形的，默寫出形的記憶比只看不寫的記憶效果要顯著。因默寫時注意力高度集中，大腦積極活動且與眼、手、口等配合密切，必能使記憶鞏固的很好。寫完後與答案對照，及時發現錯字，及時改正。

四、設問自答法

很多教師平時經常讓學生自己出題考試，這樣，學生就可以設想自己是老師，該出什麼題考學生。如果自己給自己提些問題，從多種角度設問自答，常會收到意想不到的效果。

五、互問互答法

自考法並不只限於自己，同學間都可以互相提問、互相回答，這樣，會加快學習速度，收到良好效果。這種方法可激起各自競爭心理，在互問互答間又能互相啟發，截長補短。另外，這種方法還可培養興趣，互為勉勵，還可幫助提高表達能力。

15 提綱記憶法

把所學知識用主要線索「串」起來，就像鋼繩總攬魚網、串起銅錢那樣，這種方法叫做「提綱記憶法」。它可減輕大腦記憶的負擔，最適合於記憶某種學派的思想。

提綱記憶法頗受古今中外的學者所喜愛。唐宋八大家之一的韓愈是個自學成才的文學家，他自幼苦讀，在「口不絕吟於六藝之文，手不停披於百家之編」時，非常注意記筆記。讀記事文章時，總要提出綱要；讀理論書籍時，總要勾出精義。他常說：「記事者必提其要，纂言者必鉤其玄。」

在記中國歷史中「隋朝的統一」這一內容時，可記為：

隋朝的統一
條件：人民、民族、江南經濟
過程：五八一年開國，五八九年滅陳
意義：安定、交流、繁榮

「提綱」實際上就是一篇文章的主要脈絡，在編寫提綱的過程中，識記者透過編寫、綜合、分析、概括了識記資料，自然而然消化了資料精神，深化、鞏固了記憶。

提綱記憶法具有以下幾個特點：

1.直觀性。

提綱線條清晰，便於直接觀察，縱橫關係一目瞭然，同時還打破了正常行文的常規，給人清新之感，所以能給人留下深刻的印象。

2.概括性。

編寫提綱的過程就是對資料施行高度壓縮，使其化繁為簡的過程。提綱語言精練，表述直接，集知識之精華，攬資料之概要，自然便於記憶。

3.條理性。

提綱具有鮮明的條理性，突出資料的層次，由高至低各層次截然分明，抓住這些條理，在回憶時就可以「按圖索驥」了。

怎樣運用提綱記憶法這「門」藝術呢？即要把握分析、綜合、表述三項要點。

1.分析。

即對識記資料的理解過程。一本書可先看內容提要和目錄，再看作者的前言或後記；一篇文章可先瀏覽一下，再劃分層次，必須掌握其脈絡，為編寫提綱作好準備。

2.綜合。

即對識記資料的概括過程。在分析的基礎上，再進一步找出文章的要點、觀點，以便概括、記憶。

3.表述。

即對識記資料的總結過程。在編寫提綱時最好是用自己的語言表達，這樣有助於記憶。

提綱的方法很多，對記憶都有較好的效果，常用的有抄錄提綱、編寫提綱、改寫提綱等。運用提綱記憶法要注意以下幾點：

・要面對實際。

該用此法的就用，不該用的就不要畫蛇添足。長資料當用，極短的資料就無任何必要了。

・要及時溫習。

提綱雖然簡明扼要，但也不是一下子就鐫刻在心中的，也應該經常複習，經常默寫，才能永久不忘。

・要分清主次。

根據學習資料的內容，明瞭各部分在提綱中的地位，以主幹為綱，次要的從略，絕不能眉毛鬍子一把抓。

16 意義替代記憶法

把本來無意義的抽象資料加上一定的意義，這就是「意義替代記憶法」。意義替代記憶法適於記憶人名、數字等抽象資料。

有人用意義替代記憶法記憶下列平方根：

$\sqrt{2}$ = 1.41421356（意思意思而已，甚無聊）

$\sqrt{3}$ = 1.732050（一起商量懂勿懂）

$\sqrt{5}$ = 2.236067（亮亮山路，多離奇）

$\sqrt{6}$ = 2.449489（糧食是酒，是白酒）

當然，意義替代法只是在記憶個別抽象、難記的資料時適用，並不能適用於所有資料和所有的情況。但是這種方法在日常生活中卻很有用。

17 概括記憶法

對識記對象進行提煉，抓住關鍵和要點的記憶法叫做「概括記憶法」。

概括記憶法一般有以下幾種方式：

一、主題概括。提煉、概括出識記資料的主題思想，抓住要領籠罩全篇。識記資料不論長短，都有主題，只要用心總結，不難窺出。

二、內容概括。對長篇資料進行濃縮、概述。利用內容概括法，可以大大減輕記憶的工作量。

三、簡稱概括。簡化一些較長的詞語、名稱、概念，識記起來就方便多了。例如，美利堅合眾國簡稱「美國」，奧林匹克運動會簡稱「奧運」等。

四、順序概括。對識記對象按原順序進行概括，記憶時著重其順序性。如記憶王安石變法的內容：青苗法、募役法、農田水利法、方田均稅法、保甲法，可以按其順序概括為：一青二募三農四方五保。這樣唸起來順口，記起來方便，如果要回憶時，自己添加內容就行了。

五、數字概括。用數字來概括識記資料。

六、字頭概括。對並列的幾條識記資料可提取字頭進行概括。例如記詩詞，柳宗元的《江雪》原詩是：

千山鳥飛絕，萬徑人蹤滅。

孤舟蓑笠翁，獨釣寒江雪。

提取字頭為「千萬孤獨」，可以想像在江雪中的釣翁有千萬種孤獨感。

以上所介紹的幾種概括方法，既可以各自使用，也可以綜合運用。運用概括記憶法時，要先對學習資料進行通篇掌握，初步理解並弄清其各部分之間的關係，然後抓住資料的重點進行歸納總結。

概括記憶法主要適用於記憶內容較多、較具系統的文科知識，它必須有較強的思維能力和概括能力。但是這種能力也是逐漸培養、鍛鍊提高的，也有由淺入深，從疏到精的過程。

18 筆記記憶法

「好記性不如筆頭勤」，這是古今中外學者、科學家、作家們治學經驗的結晶，它高度概括了記憶與筆記的關係，闡明筆記的重要性。

記筆記可以減輕大腦的記憶負擔，使大腦能集中精力記憶更重要的內容，這是提高記憶效率的途徑之一。凡事都靠大腦記憶，既無可能，也無必要，因此要盡量藉助記憶工具，這才是科學的用腦方法。

如果把學習成果比做沖天而起的火箭，那麼，耐心而周密的搜集資料就如修築裝備精良的火箭發射基地。火箭能不能升空，在很大程度上取決於發射基地修築得如何。

做筆記的好處很多，一是能幫助理解。一篇文章，一部著作，該記什麼，該怎樣記，總要用心選擇確定，這個過程會加深對資料的理解，提高概括能力，透過做筆記，腦中零亂的事物便整理得有條理，模糊的記憶表象也變得清晰，知識掌握便更加準確了。

二是**戰勝遺忘**。筆記能保持精確的記憶，一旦大腦中記憶模糊時，透過筆記馬上可以查找核對，消除錯誤。

三是**積累資料**。擁有大量資料是做學問的基礎。中國偉大的歷史學家、文學家司馬遷，從小酷愛學習，廣泛蒐集歷代朝廷各式各樣的大事記，在「博采」的基礎上求「專精」，經過幾十年的努力，終於獨立完成具有劃時代意義的歷史名著——《史記》，為後人留下了寶貴的文史資料。積累資料絕非是一次兩次，絕不可能一蹴而得，是必須長久堅持，日積月累。這樣，越積越多，才會逐漸形成一個獨具特色、系統完整的「檔案館」、「資料庫」。

四是**促進成材**。做筆記是一條成材的途徑。在學習、研究、創造之間本無明顯的界限，從筆記到論文或到著作，總有一個循序漸進，即是從量的積累到質的飛躍的過程。魯迅先生說：「無論什麼事，如果繼續蒐集資料，積之十年，總可成為一學者。」同類資料積累多了，經常相互對照，就會形成自己的觀點，古今很多學者都是從這條路上走過來的。

那麼該怎麼做筆記呢？以下簡單介紹幾種：

一、抄錄筆記

抄錄筆記分兩種，一種是全抄筆記，即對整篇文章或一本書照錄無遺；另一種是摘抄筆記，即對重要段落進行摘要抄錄。抄錄筆記應該注意抄後校對，避免漏誤，並要清楚的標明出處、作者名，以備日後查考。

二、卡片筆記

在卡片上做筆記便於存貯、查找。卡片規格可依自己的需求製作，要注意的是每張卡片只能抄寫一個內容，抄寫完畢要及時進行分類歸檔或裝訂成冊。

三、批語筆記

批語筆記即在書頁的空白處隨手記下對原文的個人意見，有些是對文章思想性和藝術性的評論；有些是自己的心得體會和疑難之處；還有些是標注原文在遣詞用字上的謬誤。由於識記中「參與」意識強化了，記憶的效果就更好了。

四、符號筆記

即在原文之間標上符號以理解原文的方法。常用符號有黑點、圓圈、直線、曲線、雙線、紅藍色線、箭頭、方框、三角、驚嘆號、問號等。在使用符號時要注意，符合代表的意義必須明確，前後要保持一致；各種符號不能過多過密，否則令人目眩，重點也難以突出。

五、概要筆記

即對某書、某篇文章概括重點後寫出簡要的筆記，這種方法要求的語言敘述要簡短、概括並抓住重點，不能對原文的基本內容有重大改變。

六、心得筆記

即在讀書、思考、交談中偶有所得，隨手寫下的筆記，如常見的隨筆、札記等即是。這是筆記中的高級形式，記這種筆記不能敷衍，粗枝大葉，否則，即使寫得再多也不會有好效果。

七、專題筆記

這種筆記是專業工作者常用，它要求先確定題目，內容上要專一、單純，切忌龐雜，但形式可以多種多樣。如文摘、剪報、談話等。這種筆記要求必須註明出處、作者、頁碼乃至收藏單位，以備專題研究之用。

八、日記筆記

即日記形式的筆記，特別是順序性強，有時間上的查考價值。

九、聽講筆記

即聽報告、聽課時做的筆記。記此筆記要求速度，有人總結出：「三記三不記」的原則，即重點問題，疑難之點，書上沒有的內容要記；次要問題，易懂之點，書上有的內容不記，不必有聞必錄。

十、觀察筆記

即對生活觀察的記錄。做這種筆記要注意細節，抓住特徵，特別是對帶有專題考察性質的觀察，一定要注意前後比較和順序上的變化。

筆記的形式當然不只這些，記筆記的目的在於運用，至於採用怎樣的形式、方法，可根據自己的習慣，使其充分發揮作用。

19 卡片記憶法

把要記憶的資料抄寫在卡片上，隨時拿出來複習，這種方法叫做「卡片記憶法」。卡片記憶法適用於記外文單字、詞組、名詞概念、歷史年代、地理數據、發言提綱、聽課的筆記等等。

古往今來，凡是在事業上有成就的學者、科學家，在日常讀書和學習時，都非常重視資料的積累，他們利用卡片來幫助大腦記憶。雖說他們當中不少人才華出眾，思維敏捷，聰明異常，記憶非凡，但是他們絕不單純依靠自己的記憶力。

相信自己的記憶，但又不完全依賴於它，這才是聰明的。因為就準確性、穩定性和持久性來講，任何好用的大腦都比不上筆記和卡片。俗語說：「最淡的墨水，勝過最強的記憶。」

卡片可自己製作或購買，不過規格建議統一、兩面都是空白，並選用稍硬的紙。在卡片上寫要記憶的資料時，一定要一正一反書寫，正反面的字用不同顏色的筆抄寫，可便於區別。例如：

外語單字：正面寫 etymology，反面寫詞源學

歷史年代：正面寫淝水之戰，反面寫三八三年

歷史名詞：正面寫祖沖之，反面寫相應的概念

做好卡片後，先進行集中識記，外語單字一次可進行五十個，各種名詞概念可進行十至二十個，年代數據一次可進行二十至三十個。基本上記住後，可將卡片混放在一起，然後從上面一張背起，看正面背反面的，看反面背正面的。背出的放在一邊，背不出的放在一起，再來一遍，直至全部背會。

這樣，隔一兩天再記一次，及時複習，效果會更好。久而久之，會使你的記憶更

精粹。

卡片法記憶有兩點明顯的好處：一是因為卡片是單張的，可隨意組合，這避免前段抑制和後段抑制的影響。同時，常擺常記，讓人有新鮮感。二是能提高記憶興趣，卡片越記剩的越少，會更引發興趣，還可以比賽，看誰記憶得多，有點競爭心理，會更促進記憶。

已經記住的卡片，可以按字母順序、課文順序、詞類加以分類，並隨時清點數目，經常了解自己已掌握的詞彙量。

20 運算記憶法

對繁雜、枯燥的識記對象，藉助運算方法進行記憶，叫做「運算記憶法」。

在學習和工作中，大家經常會碰到一些需要記住的數據，尤其歷史年代和電話號碼，有些數據可以轉化成簡單的算式以幫助記憶。

把需要記憶的數據化成簡單的算式，會出奇制勝，從另一個角度加深我們對數據的印象，下面介紹一些具體做法。

一、加法

李時珍於一五七八年寫成的藥物學巨著《本草綱目》，可想為15＝7＋8；法國農民起義是一三五八年，可以想為13＝5＋8。

二、減法

周平王東遷，東周開始的時間是公元前七七〇年，可想為 7－7＝0；日本幕府政治建立於一一九二年，可想為11－9＝2。

三、乘法

一六四四年清軍入關，明朝滅亡，可試想為16＝4×4；蒙古滅金時間是在一二三四年，可想為123×4。

四、除法

秦於西元前二二一年統一，可想成2÷2＝1；魏滅亡蜀漢是二六三年，可想成2＝6÷3。

五、疊加法

1. 疊加一

三國建立的時間，魏二二〇年，蜀漢二二一年，吳二二二年，三者是逐年加一遞增。

2. 疊加二

一九一九年的五四運動，一九二一年的中國共產黨建立，順序是按加二遞增。

3. 疊加十

一九〇一年《辛丑條約》的簽訂，一九一一年辛亥革命爆發，一九二一年共產黨成立，一九三一年日本發動「九一八」事變，順序是疊加十。

4. 疊加百

一六八九年《尼布楚條約》簽訂，一七八九年法國革命爆發，一八八九年第二國際成立，順序是疊加百。

不要小看一道簡單的算式，它會為你的回憶留下一條引線，只要你想到其中的一兩個數，整個數據就會被引出來。實在想不出時，你可以默唸一些數字就有可能牽引出來。

21 歌訣記憶法

把識記對象編成順口溜，賦予它們一定的音韻和節奏，使對象合轍押韻、琅琅上口、易記易背，這叫「歌訣記憶法」。

歌訣記憶法是一種應用廣泛且效果很好的傳統記憶方法，只要肯學，不難掌握。歌訣記憶法與諧音記憶法一樣，具有事半功倍的奇效。記憶經驗告訴我們，有節奏有韻律的對象，比沒有節奏、沒有韻律的對象要好記得多，而歌訣記憶法正符合這一規律。

下面介紹幾首實用的記憶歌訣：

一、中國古代沒有標點符號，讀書人必須會斷句。古文斷句歌訣是：

「曰」後冒（：），「哉」後嘆（！），

「於」「而」一般在中間，

「耶」「乎」經常表疑問（？）

「矣」「耳」表示一句完（。）

「也」「者」作用表停頓，

或句（。）或逗（，）的酌情看。

二、**改病句口訣**

修改病句莫怕難，
領會本意第一關。
尊重原句少改動，
全力找出病根源。
成分應該搭配好，
結構完整不缺欠。
合乎邏輯指代明，
其他毛病不放寬。

三、**漢字書寫筆順歌**

先上後下，先左後右，先橫後豎，先撇後捺，先外後內，先中間後兩邊，先進去後關門。

編歌訣的方法很多，現介紹幾種：

・羅列法

按照識記對象的先後順序，將其處理成為有韻律的歌訣，避免大幅度跳躍和起伏。如《現代漢語修辭歌》：

比喻、借代、比擬，誇張、雙關、反語，

設問、反問、反覆，對照、對偶。排比。

・概括法

用簡單扼要的語言，高度濃縮的方法編寫歌訣，如《歷史朝代歌》：

夏商周秦西東漢，三國兩晉南北朝，

隋唐五代及兩宋，元明以後是清朝。

・形象法

歌訣不但要合乎韻律，而且要生動、形象，讓人有清晰可見的印象。如數字：

1像鉛筆細長條，2像小鴨水上漂；

3像耳朵聽聲音，4像小旗隨風搖；

5像秤鉤來賣菜，6像豆芽咧嘴笑；
7像鐮刀割青草，8像麻花擰一遭；
9像飯勺能盛飯，10像雞蛋做蛋糕。

- 簡縮法

如《二十四節氣歌》：
春雨驚春清各天，夏滿芒夏暑相連。
秋處露秋寒霜降，冬雪雪冬小大寒。

- 聯想法

如區別「買」、「賣」二字用聯想編的歌訣，就很容易記：
少了就買，多了就賣。

- 歌謠法

把本身連繫很少的資料編成「順口溜」，增加趣味性，便於記誦。如「弟」字可記為：
一個小弟弟，梳著小分頭，右手叉著腰，抬腿向左走。

• 特徵法

如區別「己」、「已」、「巳」三個字的歌訣：

堵巳不堵己，

半堵才念已。

• 對比法

記代數公式（$a \pm b$）$= a^2 \pm 2ab + b^2$ 時，也可以編成歌訣：

首平方，尾平方，

首尾兩倍在中央，

二次符號看前面，

它們兩個都一樣。

• 綜合法

同時運用幾種方法編寫的歌訣，如「熟」字的寫法口訣就是採用羅列法、特徵法、形象法編出來的：

一點一橫長，口字在中央，

子字來報信，九點一齊忙，
下點一把火，燒熟一鍋湯。

在編寫與使用歌訣時。要注意以下幾點：

①不難記的無須編歌訣。
②歌訣最好由自己編寫。
③歌訣一定要準確精煉。
④歌訣要注意韻律，不能編成像散文一樣，否則會失去意義。
⑤對別人編寫的歌訣要認真理解。

22 即時複習記憶法

在識記某一資料之後，在適當時候加以複習，鞏固記憶，這種方法叫做「即時複習記憶法」。

複習是學習之母，複習可以鞏固記憶，這個道理人人皆懂，但是未必人人知道學習之後，在什麼時候複習最好。

很多人在學習中沒注意即時複習，他們常常在每天上完課後，不看書，不看筆記，等到考試前才「突擊式」地複習。這時候，由於間隔時間太長，東西堆積太多，已經忘得差不多了，沒忘的東西也容易互相干擾。這樣做，學習效率肯定不高，在智力同等的條件下，這樣做要比別人花更多的時間。

所記憶資料或事物的複習時間間隔以多久為合適呢？實驗顯示，時間間隔與人的年齡有關。年齡大的人，時間間隔可稍長一些；年齡小的人，則要短一些。在學習完資料後，在以一天、三天、六天為間隔的情況下，學習效果以一天間隔為合適。越是年齡小的人，就越是要及時複習，時間一長，就容易遺忘。

有的學者認為學習外語記憶單字或句子，在二十四小時內進行複習效果最佳。這是不是表示複習的時間間隔越短越好呢？實驗指出，時間間隔過短對記憶的鞏固同樣是不利的。有一個實驗資料顯示，複習間隔為半小時，需要複習十一次，間隔為二小時，需要複習七點五次，而間隔為十小時，只需要複習五次。可見，間隔時間過短反而對記憶的鞏固不利。

要記憶的資料或事物有如浩瀚的海洋，難以記憶。一些人有一種壞習慣，對難以記憶的丟棄不管，繼續記憶別的，但他們都曉得重複的複習對提高記憶的效率關係甚大，但卻一直讀下去，認為經過幾天再複習一、兩次就可以了，因為他們認為幾個小時或幾天或再複習的效果完全一樣，有這種看法的人還很多。假使你抱持這種態度，以往所付出的心血會付諸東流。因為同樣的複習，如果在最初記憶的幾個小時內練習就能得到較為理想的效果。

該怎樣進行科學的複習呢？

一、即時複習

不能認為隔幾個小時複習和隔幾天複習一樣，都是重複一遍，而是要及時的抓緊時間複習。複習時間根據每個人的年齡、知識量等有所區別，但一般不能超過兩天。

二、經常複習

要想記住所學的知識，單靠一次及時複習還是遠遠不夠的。還必須使複習經常化，這樣，就可使記憶的痕跡經常得到強化，防止遺忘。

三、分散複習

心理學實驗證明，分散複習比集中複習效果要好。分散複習可以相當程度的消除抑制，減輕大腦疲勞，保持大腦神經的興奮，同時，間隔的時間還能有鞏固記憶的作用，這樣就能大大的提高記憶的效率。

四、早晚複習

一天之中，清晨和晚上夜深人靜時的複習效果較好，因為在這兩個時間裡，大腦所受的干擾較少。

五、計劃複習

複習時，在時間安排和內容分配上要具有科學性，切忌「打疲勞戰」。

六、深化複習

這種方法能使所記資料遺忘得慢些。深化複習就是不滿足於對識記內容勉強記住而已，而要在此基礎上「打鐵趁熱」，繼續複習，以便牢固掌握它。但深化複習也要適可而止，如果複習某種資料需要三十分鐘或需要六遍才能記住，那麼，深化複習的最佳限度就是四十五分鐘或九遍。

七、變化複習

複習方式多樣化比簡單化重複複習的記憶效果好。複習方法的多樣化，應該從內容和形式兩方面來考慮。內容上，多種學科應交替進行，同一內容可變換角度，從基本型到綜合型靈活運用。從形式上，可以採用回答、填空、選擇、判斷、論述、簡答、改錯、一題多解等各種類型。從方法上，可以運用比較、歸類、熟記、背誦、製表、畫圖、筆記、反覆閱讀和嘗試背誦結合等。這樣，複習時就會感到新奇，使大腦興奮，充分發揮獨立思考能力，複習才會有比較理想的效果。

23 朗讀記憶法

在識記時，不妨把識記對象唸出聲來，這樣不但增加了舌頭與喉嚨的感覺，連耳朵也能聽到自己唸出的聲音，這叫朗讀記憶法。朗讀記憶法，不但能幫助記憶，也是構成持久記憶的必要條件。

朗讀時，發聲這個能動因素和「耳聽」這個被動因素同時工作，對大腦的刺激比單純默讀強得多。特別是頭腦不夠清醒時，朗讀可以使思想集中，效果更明顯。

宋代的朱熹曾主張朗讀，他說：凡讀書，需要讀得字字響亮，不可誤一字，不可牽強暗記，而且要「逐句玩味」，「反覆精詳」、「誦之宜舒緩不迫，字字分明。」這樣，我們可以深刻領會其資料的意義、氣韻、節奏，產生一種「立體記憶」的感覺。

學外語朗讀比默唸的記憶效果好。美國心理學教授哈羅德．伯特和H．G．貝克兩個人曾做過實驗，結果顯示：發出聲音讀單字能使該單字牢牢的留在記憶中。在一次實驗當中顯示：發出聲音讀比只用眼睛看多記住34％的單字。

有一個學生，每當遇到需要背書的時候，就拿著課本跑到郊區的山上，獨自大聲的朗讀。這時唸書的聲音與山裡的回音產生共鳴，也因此使他提高了記憶的效果。雖然長年生長在都市裡的人，要尋找一個能大聲朗讀的環境很不容易，然而只要自己稍微留意，還是有些地方可以讓自己高聲朗誦的。考試前不妨試試用這個方法，唸出聲音確實可以幫助你記憶。

只要在不影響他人的情況下，我們可以利用一切機會朗讀外語，這還可以提高口語能力。學習中文更應注意朗讀背誦訓練，這可加強記憶，增進文學修養，又可提高語言表達能力，對於今後從事寫作、語言交流、教學等都是非常有益的。

24數字記憶法

數字和我們日常生活密不可分，從我們每個人的身分證字號、學號、電話號碼以及各種學科裡的數字、年代等等，顯示對數字的記憶已經更加重要了。

以下是幾種數字記憶法：

一、**賦予意義法**

例如當我們要背$\sqrt{2}=1.41421$時，我們如果賦予它「意思意思而已」的意義，相信各位一定終生都不會忘記的。

二、**理解法**

在記電話號碼時也可用理解法，如25364這個電話號碼，是2、3、4三個連續自然數的中間，依次插進5和6。

三、**諧音法**

用與數字發音的常用語言表示的方法。如菸害防制專線0800-571571（我戒菸我戒菸）。

四、假借法

利用生活上的數字、語言、假託記憶的對象。如日本富士山高 12365 英尺（12 個月 365 天）；珠穆朗瑪峰的高是 8848 米（爬爬試吧）。

五、分析法

把一串數字加以分析，找出具有規律的記憶方法。例如，2610141822263034（等差級數，公差為四，首項為二，共九項）；618541624861458（等比級數，公比為三，首項為六，共六項）。

六、歌詠法

對數字用歌譜來表示的記憶法，如有一筆金額是：5656161 元，則可將它簡化為音符來唱。

七、詩畫法

詩中有畫，畫中有詩，相互輝映，其樂無窮，這是種很形象的巧妙記憶法。

如 π ＝ 3.1416（山巔一獅一鹿）。

八、象形法

把數字象形化而達到記憶的方法。如把「0」象形為「蛋」或「洞」等。

九、混合法

把兩種以上方法結合應用的記憶法。如某洗衣店電話號碼是15477，用諧音和歌詠法即成「衣污時洗洗」。

十、特徵法

如「玄武門之變」是六二六年；「淝水之戰」是三八三年，都是前後兩數相同。一二三四年蒙古滅金，「一二三四」是一連續的自然數。

十一、運算法

參閱本書第二五一頁「運算計憶法」。

十二、聯想法

如，2014四個數字可以這樣以視覺想像記憶：2是烤鴨，0是鴨蛋，1是冰棒，4是剪刀。聯想為：「一隻香噴噴的烤鴨，突然從盤子裡站起來，一用力，下了一枚飯碗一樣大的大鴨蛋，接著又下了一支直冒涼氣的牛奶冰棒，最後竟然下了一把鋒利的剪刀。」

十三、回文式

順讀倒讀都可以，而且完全一樣。如「41914」、「1881」等。

25 爭論記憶法

透過與別人對學習資料進行爭論、探討，使大腦高度緊張，以強化記憶的方法，叫做「爭論記憶法」。

爭論有助於記憶是符合人腦的活動規律，在進行爭論時，使人全神貫注、高度興奮，這樣建立的記憶連繫勢必強烈而集中。此時，一方面全神貫注的聽取對方的意見，同時分析其中正誤；一方面積極思維，評論對方的見解，闡述自己的觀點。在這種情況下，訊息輸入大腦容易留下較深刻的印象。

爭論是記憶的益友，它可以幫助我們檢查記憶的準確性。「智者千慮，必有一失，愚者千慮，必有一得。」人們記憶的知識，因為受個人的侷限性，總免不了有一些謬誤，透過爭論，錯誤便暴露出來，得到糾正，從而形成正確的記憶。同時，記憶正確的知識也得到檢查和應用，記憶的牢固性得到了鞏固和深化。

爭論還可以使雙方開闊視野，拓寬思路，互相受到啟發。在爭論中，由於注意力高度集中，無論是聽到一個新觀點，還是發現一個新論據；無論是自己被駁得體無完膚，還是對方甘拜下風，都是一種強烈刺激，能留下深刻的記憶。

運用爭論記憶法要注意以下幾點：

1. 動機正確：進行爭論的目的是為了辯明知識的準確性，從而加深理解和記憶。
2. 態度端正：進行爭論時要保持善意和求知的態度，不要鑽牛角尖，死要面子。
3. 方法正確：圍繞中心議題進行爭論，要獨立思考，切忌人云亦云、不懂裝懂。

26 歷史事件與年代記憶法

在學習歷史時有許多歷史事件與年代需要記憶，這幾乎是所有人都一致認為最困難的事，以下介紹二種記憶方法。

一、模擬經歷法

學習歷史，比較難記的往往是歷史年代、歷史人物以及每個時代的大事等。歷史人物及事件浩如煙海，難怪許多學生為此嘆息。

但是，只要我們回憶一下，在我們的一生中不是也有許多事情發生嗎？雖然有些忘了，但大都是還記得，尤其只要我們有意識的回憶，人生各個時期發生的一些大事，可能就會終生難以忘記。為什麼自己經歷的事總是忘不了，而歷史的年代、大事又記不住呢？主要是自己經歷的事對自己有影響。因此，要記住歷史大事和年代，我們也不妨把自己擺進去。

模擬經歷法，是針對某一歷史事件，想像自己是當事人，假設自己是一個起義者，或是科學家、帝王。

例如，在學習台灣歷史上的朱一貴事件時，你可以想像自己就是朱一貴，再想想你為什麼起兵反清，想像起義的經過，這樣無形中你就掌握了這一段的知識。

二、歷史年代記憶法

學歷史有許多歷史年代需要記憶，怎樣記憶呢？

1. 特徵記憶法

先把你熟悉且能準確記住的歷史年代除去，然後找出有特徵的年代來記憶。如努爾哈赤建立後金是一六一六年，這個年代很有特徵，兩個16很容易記住。再如，中國歷史上有些朝代冠以東、西或南、北。有東、西的，往往西在前，東在後（像西周、東周、西漢、東漢等）；有南、北的，往往北在前、南在後（北宋、南宋）。弄清這一特點，再記年代就不至於混淆。

2. 推算記憶法

運用所學的知識進行推導。如鴉片戰爭是在一八四〇年爆發，黃巾之亂比它少一個「0」，即一八四年爆發；清法戰爭在一八八四年爆發，十年後的一八九四年便爆發了清日甲午戰爭。

3. 多次反覆記憶法

把歷史事件與發生的年代寫在卡片上，利用零星的時間反覆讀記。

4. 連繫記憶法

對於整個歷史年代表，就必須用連繫記憶法了。此法可以先把你要記的歷史年代，與你最熟悉的人相連繫，把那個人想像成一個歷史年代。為了能達到最好的記憶目的，最好能有一點奇妙的聯想，並加強趣味性。例如你要記憶「唐朝建立，隋朝滅亡」的年代，你可以找一個姓唐的好友，想像他六一八年打敗了一個姓隋的敵手，建立了唐朝。又如你要記憶文成公主嫁入西藏的年代，你就想像你的某女同事六四一年結婚。用來與年代連繫的人，最好是你常見的人，這樣一見到他，你就想到了歷史年代，記憶效果會很好。

那麼與多少人連繫為好呢？最多不要超過四十個，而且每天最好與四、五個人連繫。如果你是個學生，最好以你班上的同學相連繫，這樣效果更佳。如果你與某人連繫的歷史年代能熟練的記憶了，那麼即可再與他連繫第二個或第三個年代。

例如，一八四〇年是中國近代史的開端，比它早二百年的一六四〇年，則是世界近代史的開端。再如，西元前四七六年是中國奴隸制社會結束的年代，而西元四七六年則是歐洲奴隸制結束的年代。

27 外語單字記憶法

如果你想學好外語，最初應先學好常用的一千個單字。在學習過程中碰到新的單字，要集中注意力去觀察、比較、理解，而且盡可能的反覆練習，切記不要急於求成。如果你想更深入一步的話，還應該多搜集幾種不同編法的教材來作輔助學習，透過反覆的作用，增進對詞彙的認識，加強記憶，使它們一個個在你的腦海中生根。在學習計劃和進度的安排上，講究實效，穩紮穩打，貪多冒進只會適得其反。

在選擇內容時，應盡可能選擇合乎你興趣或與你工作有關的教材，這麼一來，學習時就有尋幽探勝的好奇心，等到弄懂了、記住了，能夠寫出或講出一定內容，你會感到滿足，從而提高學習的興趣和信心。

除了認真記憶，還必須深入、仔細的對單字進行研究，分析各種詞意的連繫、各種不同用法，進行拼、讀、寫，運用多種感覺，盡可能的作同義、反義、同音等的聯想，實行視覺化，訓練辨形識義的經驗。此外，背誦和利用卡片記憶也是不可少的。

閱讀是很重要的基本訓練。剛開始讀得慢一點，然後把已經了解的地方，一個段落一個段落的快讀，並逐步養成在讀的時候浮現出概念的方法，也就是對於已經掌握意義並能快讀的地方，訓練一下不透過譯文而領會句子意義的能力，如果這一步能做得好，以後讀外文就完全不用把它先轉為中文再轉為概念的間接手段了。

閱讀還有個好處，就是便於單字意義的再生。因為當你在其他地方再看到它時，就可以從曾經閱讀課文的整體或整句的意義聯想中，想起它來。

閱讀千萬不可完全依賴錄音帶。錄音帶只能用於協助訓練聽覺、複習和給你標準的讀音、聲調、語氣等，不能代替你的口，更不能代替你完成腦中一系列形象創造的活動程序。你最好還是先自己下功夫，先理解和讀順了，再去聽錄音帶。

閱讀絕不可忽視朗讀，尤其初學者打基礎的時候，更要盡量讀出聲來。英國某大學教授作過實驗，證明發聲朗讀比默讀的記憶率大34％。

背景的聯想不可掉以輕心。假如初學一個單字，它的發音和拼寫都記住了，但就是記不起它的涵義來，這是常遇到的事。這時，你可以先回想一下第一次見到這個單字的整體狀況，回想其他和它一起出現的單字，回想這個單字在整個句子中的位置和作用，也許你就想到這個單字的意義了。

對於一個單字，必須把它看為包含整段文字或整個句子的一個內容，並聯想文章所包含的其他單字的意義。如果聯想的充分，對新單字就記得牢。聯想時，可能想對，也可能想錯，但有時，也會想到相似的詞，因而發揮了引導作用。比如，「traffic」的準確意思想不起來，但也許想到「train」、「car」之類的單字，就可以引導出互通的意義來。

為了把詞彙牢記心中，「過度學習」也是十分必要的，反覆學習運用，透過衍生、對比、類比的聯想作用分析研究，才能在使用時，像撥熟悉的電話號碼一樣自如。

下面再介紹一些英語單字趣味記憶法，它們通俗易懂，生動有趣，能給大腦特殊的刺激，產生額外的聯想，使讀者在享受盎然趣味的同時記住單字的音形義。所以，從記憶術的角度來看，這些寓教於樂的方法，仍不失為科學的方法。

一、利用通俗詞源記憶單字

詞源學家在書房裡探討詞源，但隨著時間的流轉，有些字會隨人們需要或理解而改變。這種缺乏詞源學根據的「通俗詞源」（folk etymology）往往比辭典上的解釋，更容易為人們所理解。例如，hangnail（指甲旁的肉刺）源自古英語的 angnail，Ang 意思為痛苦，肉刺就是痛苦＋指甲的合體。

二、利用幽默語言記憶單字

英語裡有些幽默的對話是利用同形異義詞編成的，裡面包含耐人尋味的雙關語，可以幫助我們記憶一詞多義的單字。

這裡有一段父子之間的對話，兒子向父親請教生財之道。

What is the surest way to double one's money？

（使錢多一倍最可靠的方法是什麼？）

Fold it.

（把它對折。）

兒子問話中的double意為「使……加倍」，而父親故意將這個多義詞理解為「使……成雙重」，用幽默的回答暗示兒子：世界上並無既輕鬆又保險的生財之道。

三、利用笑話資料記憶單字

英語裡有些笑話是利用某些單字的音、形、義的特點編成的。聽了這類笑話，我們就不難記住有關的單字。如：

某先生出國返家時為太太獻上一條高級裙子。太太高興得問其長度，先生隨口答曰：「A little above two feet.」

太太聽完，臉上通紅，心想：「兩英尺多一點！那不就是迷你裙嗎？」等打開一看，遠遠不只兩英尺，而是長可及腳面。太太此時恍然大悟：原來丈夫所言「two feet」不是「兩英尺」，而是「兩腳」；丈夫所買的裙子長度「略高於雙腳」，而不是迷你裙。

或如：

Which word has the most letters in it？

（哪個單字的字母最多呢？）

Mail box.

（信箱。）

信箱裡不是有很多 letter（信）嗎？原來答句故意把問句中的 letter（字母）這個單字解釋成「信」，當然他的答案也就正確了。

四、利用趣言妙語記憶單字

這裡指那些初看似乎不通，仔細琢磨才知箇中妙處的句子。趣言妙語往往藉助於一詞多義的單字。如：

一個人敘述他的夢境時，講了這樣的一句話：I saw a saw saw a saw 這裡，第一個 saw 是 see（見）的過去式，第三個 saw 是不帶 to 的不定式 saw（鋸），其他兩個 saw 是名詞「鋸子」。所以這句話的意思是：「我看見一把鋸子鋸另一把鋸子。」

五、利用謎語遊戲記憶單字

英語裡有許多謎語遊戲，是利用某些單字的音、形、義特點來編寫的。此類寓知識於遊戲之中的資料，亦可用來幫助記憶單字，在詞彙教學中若能適當穿插這樣的資料，將有助於活躍課堂的氣氛，刺激學生的興趣。如：

「哪五個字母的單字丟掉後頭的四個字母後讀音依然不變？」謎底是單字是 queue（隊伍、辮子），它讀〔kju〕，與首字母 q 同音。

六、利用顛倒詞記憶單字

英語中有些單字，把其字母順序顛倒拼寫，就成為另一個單字。這些有趣的單字，特別容易記憶。如：

ah（啊）　ha（哈）

are（是）　era（時代）

but（但是）　tub（浴盆）

七、利用繞口令記憶單字

繞口令主要是練習語音用的，裡面往往有許多近音詞，所以可以用來幫助我們記憶某些近音詞。如：

She sells seashell at the seaside.

（她在海邊賣海貝。）

這個繞口令至少可以幫助我們記住 sell（賣）和 shell（貝殼）這一對近音詞。

八、利用縮寫形式記憶單字

最常見的是首字母縮寫詞，它是由一個固定詞組的主要單字的第一個字母組成的。記住這些字母，就容易聯想出相應的單字及其順序。如：

UN—— The United Nations 聯合國

WTO—— World Trade Organization 世界貿易組織

九、利用擬聲詞記憶單字

擬聲詞，是指模擬事物或動作的聲音而造出的詞。擬聲造詞是人類最簡單、最原始的造詞方法。中文的擬聲詞，音義相連，繪聲繪色，增添了語言效果，又淺顯易懂，好認好記。如：click〔klik〕—— 卡嗒聲。

十、利用聲音象徵詞記憶單字

有人對英語字母的發音進行研究，認為某些輔音字母和輔音字母連綴有擬聲的作用，並與單字的詞義有一定的連繫。這種含有擬聲作用字母的單字被稱為「聲音象徵詞」（Sound Symbolism）。如：

字根 fl，能表示「流動，滑動」的意思，發音方式也有空氣流動的感覺。例如：

flow（流動），flood（洪水），float（漂浮），fly（飛），flight（飛行），fell（擊倒），flash（閃光），flutter（顫動、拍動飄動）等。

十一、利用字母同音詞記憶單字

英語中有些和字母同音的讀音特殊的短詞，利用它們與某個字母同音的特點，可以把它們的讀音記得很牢。下面列出一些和字母同音的單字，括號裡大寫字母，就是該單字的讀音。如：

be（B）是

eye（I）眼睛

十二、利用原文辭典記憶單字

用原文辭典學習外語，起初會辛苦些，但習慣了之後，每當查到外文單字或句子的時候，大腦中就會自然的浮現出與其相似的詞（同義詞、反義詞等）及可變換的句子來。

例如 It's wonderful 這句英語，如用英漢辭典查 wonderful 這個詞時，你會查到「奇妙」、「很棒」、「不可思議」等等許多意思，當你要表達上述多種想法時，腦中只有 It' wonderful 這個句子而已。相反的，如果你去查 wonderful 的 synonyms（同義詞），會看到 marvelous，sublime 以及 astonishing 等等將近三十種其他說法，這可以擴大你學習的領域。同樣是表達「很棒」，但你有了更多選項，也能表達更多層次的情緒、想法。所以，如果能夠捨棄英漢辭典，改用英語辭典或線上英語辭典的話，並能拋開本國語，真正做到用原文去理解原文。

十三、利用說中文夾雜外語記憶單字

講中文時適當插入單字或短語，也是記憶外文單字的有效方法。

十四、利用啟發性外語教學法記憶單字

成年人開始學習外語一般都缺乏信心，學習方法也不靈活。針對這一情況，啟發性外語教學法就是倡導讓學生像聽音樂、說笑話、做遊戲、輕鬆而自然的學說話。使學習者「稚化」，這就是啟發性外語教學法成功的關鍵。

比如，學習一種外語，一般人每天能記住二十至三十個單字就很滿意了，而啟發性外語教學法則認為，一般人每天記憶二百至三百個單字是完全可能的。據報導，利用啟發性外語教學法可以用六個星期左右的時間掌握一種外語。

超強高效記憶術：突破你的記憶障礙，讓你縱橫職場、威震考場的菁英訓練法

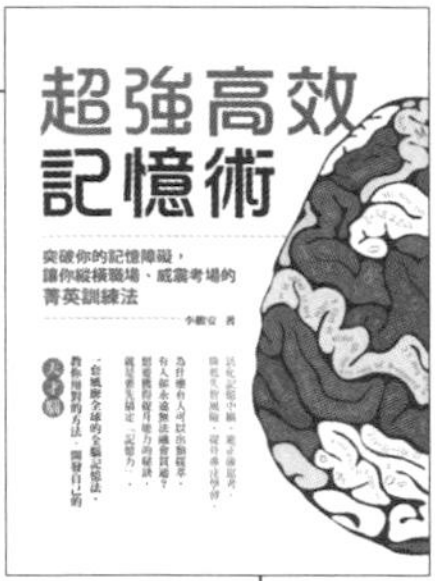

作　　者　李鵬安
發 行 人　林敬彬
主　　編　楊安瑜
編　　輯　林奕慈
內頁編排　盧琬萱
封面設計　高鍾琪
編輯協力　陳于雯・丁顯維
出　　版　大都會文化事業有限公司
發　　行　大都會文化事業有限公司
11051 台北市信義區基隆路一段 432 號 4 樓之 9
讀者服務專線：（02）27235216
讀者服務傳真：（02）27235220
電子郵件信箱：metro@ms21.hinet.net
網　　　址：www.metrobook.com.tw

郵政劃撥　14050529 大都會文化事業有限公司
出版日期　2018 年 07 月初版一刷
定　　價　320 元
I S B N　978-986-96238-9-6
書　　號　Success-090

First published in Taiwan in 2018 by
Metropolitan Culture Enterprise Co., Ltd.

4F-9, Double Hero Bldg., 432, Keelung Rd., Sec. 1, Taipei 11051, Taiwan.
Tel: +886-2-2723-5216 Fax: +886-2-2723-5220
web-site: www.metrobook.com.tw E-mail: metro@ms21.hinet.net

Cover photography: Storyblocks/concept-of-human-brain

國家圖書館出版品預行編目（CIP）資料

超強高效記憶術 : 突破你的記憶障礙, 讓你縱橫職場、威震考場的菁英訓練法 / 李鵬安著.
-- 初版. -- 臺北市 : 大都會文化, 2018.07
288面 ; 14.8×21 公分
ISBN 978-986-96238-9-6(平裝)

1. 記憶 2. 學習法

176.33　　107010108

大都會文化　讀者服務卡

書名：**超強高效記憶術：**突破你的記憶障礙，讓你縱橫職場、威震考場的菁英訓練法

謝謝您選擇了這本書！期待您的支持與建議，讓我們能有更多聯繫與互動的機會。

A. 您在何時購得本書：______ 年 ______ 月 ______ 日

B. 您在何處購得本書：____________ 書店，位於 ____________（市、縣）

C. 您從哪裡得知本書的消息：

1. □書店　2. □報章雜誌　3. □電台活動　4. □網路資訊

5. □書籤宣傳品等　6. □親友介紹　7. □書評　8. □其他

D. 您購買本書的動機：（可複選）

1. □對主題或內容感興趣　2. □工作需要　3. □生活需要

4. □自我進修　5. □內容為流行熱門話題　6. □其他

E. 您最喜歡本書的：（可複選）

1. □內容題材　2. □字體大小　3. □翻譯文筆　4. □封面　5. □編排方式　6. □其他

F. 您認為本書的封面：1. □非常出色　2. □普通　3. □毫不起眼　4. □其他

G. 您認為本書的編排：1. □非常出色　2. □普通　3. □毫不起眼　4. □其他

H. 您通常以哪些方式購書：（可複選）

1. □逛書店　2. □書展　3. □劃撥郵購　4. □團體訂購　5. □網路購書　6. □其他

I. 您希望我們出版哪類書籍：（可複選）

1. □旅遊　2. □流行文化　3. □生活休閒　4. □美容保養　5. □散文小品

6. □科學新知　7. □藝術音樂　8. □致富理財　9. □工商企管　10. □科幻推理

11. □史地類　12. □勵志傳記　13. □電影小說　14. □語言學習（_____ 語）

15. □幽默諧趣　16. □其他

J. 您對本書（系）的建議：____

K. 您對本出版社的建議：____

讀者小檔案

姓名：______________ 性別：□男　□女　生日：____ 年 ____ 月 ____ 日

年齡：□ 20 歲以下 □ 21 ～ 30 歲 □ 31 ～ 40 歲 □ 41 ～ 50 歲 □ 51 歲以上

職業：1. □學生 2. □軍公教 3. □大眾傳播 4. □服務業 5. □金融業 6. □製造業

7. □資訊業 8. □自由業 9. □家管 10. □退休 11. □其他

學歷：□國小或以下 □國中 □高中／高職 □大學／大專 □研究所以上

通訊地址：____

電話：（H）______________（O）______________ 傳真：______________

行動電話：________________ E-Mail：________________________

◎謝謝您購買本書，歡迎您上大都會文化網站（www.metrobook.com.tw）登錄會員，或至 Facebook（www.facebook.com/metrobook2）為我們按個讚，您將不定期收到最新的圖書訊息與電子報。

超強高效記憶術

突破你的記憶障礙，
讓你縱橫職場、威震考場的
菁英訓練法

北區郵政管理局
登記證北台字第 9125 號
免貼郵票

大都會文化事業有限公司
讀者服務部　收

11051 台北市基隆路
一段 432 號 4 樓之 9

寄回這張服務卡〔免貼郵票〕
您可以：
◎不定期收到最新出版訊息
◎參加各項回饋優惠活動

大都會文化
METROPOLITAN CULTURE

大都會文化
METROPOLITAN CULTURE

大都會文化
METROPOLITAN CULTURE